As dores da adolescência

CIP-BRASIL. CATALOGAÇÃO NA PUBLICAÇÃO
SINDICATO NACIONAL DOS EDITORES DE LIVROS, RJ

D381d

Delboni, Carolina
 As dores da adolescência : como entender, acolher e cuidar / Carolina Delboni. - 1. ed. - São Paulo : Summus, 2025.
 176 p. ; 21 cm.

 Inclui bibliografia
 ISBN 978-65-5549-151-7

 1. Psicologia do adolescente. 2. Adolescência. 3. Adolescência - Aspectos psicológicos. 4. Adolescência - Aspectos sociais. 5. Adolescentes - Conduta. I. Título.

24-95277　　　　　　　　　　　　　　　　　　　CDD: 155.5
　　　　　　　　　　　　　　　　　　　　　　　CDU: 159.922.8

Meri Gleice Rodrigues de Souza - Bibliotecária - CRB-7/6439

www.summus.com.br

Compre em lugar de fotocopiar.
Cada real que você dá por um livro recompensa seus autores
e os convida a produzir mais sobre o tema;
incentiva seus editores a encomendar, traduzir e publicar
outras obras sobre o assunto;
e paga aos livreiros por estocar e levar até você livros
para a sua informação e o seu entretenimento.
Cada real que você dá pela fotocópia não autorizada de um livro
financia o crime
e ajuda a matar a produção intelectual de seu país.

Carolina Delboni

As dores da adolescência

Como entender, acolher e cuidar

summus editorial

AS DORES DA ADOLESCÊNCIA
Como entender, acolher e cuidar
Copyright © 2025 by Carolina Delboni
Direitos desta edição adquiridos por Summus Editorial

Editora executiva: **Soraia Bini Cury**
Revisão: **Mariana Marcoantonio**
Capa: **Delfin [Studio DelRey]**
Artes da capa: **SDR/Midjourney**
Projeto gráfico: **Crayon Editorial**
Diagramação: **Natalia Aranda**

Summus Editorial
Departamento editorial
Rua Itapicuru, 613 — 7º andar
05006-000 — São Paulo — SP
Fone: (11) 3872-3322
http://www.summus.com.br
e-mail: summus@summus.com.br

Atendimento ao consumidor
Summus Editorial
Fone: (11) 3865-9890

Vendas por atacado
Fone: (11) 3873-8638
e-mail: vendas@summus.com.br

Impresso no Brasil

Aos adolescentes que me escrevem nas redes sociais, aos que falam sobre seus sentimentos em rodas de conversa, aos que dividem a vida comigo dentro das escolas. E aos meus filhos e sobrinhos, para sempre meus adolescentes. Que sorte a minha.

Sumário

PARTE I **A saúde mental dos adolescentes**

A vida é mais sofrida na adolescência, e quem explica é
a medicina 13
O que é saúde mental? 18
Entenda por que é tão difícil tratar transtornos mentais
em adolescentes 24
Saúde mental na adolescência: reconhecendo a diferença
entre tristeza e depressão 28
A medicalização das emoções: "É normal ou é transtorno?",
eis a questão do século 33

PARTE II **As relações entre pais e filhos e a saúde dos adolescentes**

O que os pais podem fazer para cuidar da saúde mental
dos filhos 41
Crianças e adolescentes enfrentam esgotamento
emocional em prol do "sucesso" na vida adulta 46
Adolescentes dizem que a vida não vale a pena ser vivida . 50
Overparenting: entenda o termo atribuído a pais que
não permitem que os filhos fracassem 55
Geração fone de ouvido: com perda auditiva precoce, estudo
indica maior risco de demência entre os jovens 60
Sharenting: prática de expor filhos na internet coloca
as crianças em risco 64

A moda da melatonina: entenda por que seu filho não
   precisa dela 68
Pais neuróticos *versus* pais ausentes: existe pior ou melhor
   para o desenvolvimento do seu filho? 71
Pais e mães, ocupem o espaço das telas com a
   sua presença 74

PARTE III **A escola e a saúde mental dos adolescentes**

O papel das escolas na promoção da saúde mental de
   adolescentes 79
Priorizando a saúde mental nas escolas: estratégias e
   desafios 84
Celular zero cresce nas escolas: será que proibir é o
   melhor caminho? 90
O *bullying* se torna a principal causa de sofrimento
   emocional na adolescência 97

PARTE IV **O perigo das telas e das redes sociais**

Redes sociais: há algo de bom nelas? 103
Adolescentes usam as redes sociais para autodiagnosticar
   transtornos mentais 107
"Fomo" e "folo": saiba quais são os vícios sociais da
   geração Z 112
Rolagem automática: a função do TikTok que deveria
   ser proibida 116
Existe idade certa para ter o primeiro celular? 121
O que está acontecendo com as crianças da geração
   alfa que crescem em frente às telas? 126
Como prevenir o assédio sexual e a pornografia *online* . . 130

PARTE V **Solidão, comportamentos destrutivos e autoestima na adolescência**

Autoestima na adolescência: "Eu só queria me sentir seguro com a minha imagem" 137
Solidão: como evitar que essa epidemia mundial atinja os adolescentes 142
Autolesão na adolescência: um pedido de socorro e um alerta à saúde mental 148
Vigorexia: a ditadura do corpo perfeito atinge meninos na adolescência 153
Estudo revela que 46% das atletas brasileiras desistem do esporte por pressões estéticas 158

EPÍLOGO — É preciso devolver aos jovens o sonho de futuro 163
REFERÊNCIAS 167

Parte I

A saúde mental dos adolescentes

A vida é mais sofrida na adolescência, e quem explica é a medicina

Os adolescentes são exagerados. Tudo é um drama na vida deles e tudo é muito intenso. O sofrimento é maior, o sentir parece que sai pelo estômago e o mundo parece que vai acabar. Mas e se eu te contar que existe uma explicação científica para esse comportamento?

Impactados de maneira mais intensa pelos acontecimentos da vida e numa fase em que começam a entender — e aprender — a dialogar com os próprios sentimentos e mudanças, muitas vezes os adolescentes precisam contar com redes de apoio para lidar com tanto rebuliço interno. Vou explicar.

Num grupo de apoio materno nas redes sociais, uma mãe pergunta às outras se tem alguém com filho em casa "dando trabalho" — ou sofrendo — por conta de uma decepção amorosa (o garoto estava namorando uma menina que terminou o relacionamento porque se apaixonou por outro). Diversas mães compartilharam experiências parecidas, concordando que os adolescentes tendem a enfrentar situações desafiadoras com maior intensidade, sobretudo quando comparados com os adultos. E, acredite, o que parece apenas uma percepção é explicado pela medicina.

Segundo especialistas, a adolescência costuma ser uma fase mais sofrida — não necessariamente em virtude de problemas que os adolescentes enfrentam, mas pela intensidade com que o corpo e a mente deles reage a essas experiências.

A primeira explicação tem que ver com a pouca experiência de vida do adolescente para lidar com situações como uma decepção amorosa ou a pouca habilidade de se relacionar e fazer amigos, por exemplo. Quando ele entra nessa fase do desenvolvimento humano, tem um repertório ainda limitado de vivências para gerenciar suas emoções, ou seja, ainda não tem traquejo suficiente para tirar dali formas de solucionar os problemas ou percalços pelos quais está passando.

Gosto de exemplificar com a imagem do adolescente que segura uma caixa de sapatos vazia. Toda vez que ele vive uma situação pela primeira vez, as emoções e os sentimentos que sairão dali servirão para que ele comece a encher essa caixa. Quanto mais vivências e experiências, mais sua caixa estará cheia; quanto mais cheia ela estiver, maior será sua capacidade para lidar com as emoções e sentimentos que serão provocados.

Há também um motivo mais "biológico". Na fase da adolescência, a carga hormonal do corpo se intensifica e o cérebro pode demorar mais de tempo para se ajustar a essa nova configuração. Além disso, as partes do cérebro responsáveis por fazer o controle das emoções ainda não estão totalmente desenvolvidas. Esse processo, inclusive, pode até ultrapassar os 19 anos — idade em que a adolescência tecnicamente termina, segundo a Organização Mundial da Saúde (OMS).[1]

Ou seja, temos um sujeito com inúmeras emoções, mas baixa capacidade de regulá-las. Esse vaivém constante, misturado a outros fatores, acaba gerando uma montanha-russa de sentimentos, sejam eles bons ou ruins. Fato é que são poucas vivências e/ou experiências para muitas emoções. São necessários tempo e amadurecimento para que o adolescente consiga se autorregular.

O psiquiatra e psicoterapeuta Mauro Victor de Medeiros Filho, do Serviço de Psiquiatria da Infância e Adolescência do Ins-

---

1. A OMS circunscreve a adolescência à segunda década da vida (10 a 19 anos).

tituto de Psiquiatria da Universidade de São Paulo (Sepia-USP), reforça que, em relação ao adulto, os adolescentes têm menor "controle da balança decisória". Por isso eles tomam decisões impulsivas com mais frequência.

E não é só isso. A adolescência, por si só, já é repleta de mudanças. A professora Leila Salomão Tardivo, do Instituto de Psicologia da USP, explica que o adolescente sofre três grandes perdas simbólicas em relação ao que tinha na infância. Em primeiro lugar, a perda dos pais, que deixam de ser a referência intocável e passam a ocupar um lugar humano, sujeito a vulnerabilidades. Há também a perda do corpo, que chega com a entrada na puberdade. O adolescente precisa se reconhecer nesse novo corpo que cresce, espicha e passa a ter cheiros, além dos órgãos sexuais que estão se desenvolvendo. E, por fim, existe a despedida da condição de criança. O adolescente precisa sair de um lugar conhecido e seguro e se aventurar por um momento novo. Tudo isso com um nível de consciência muito maior do que de quando criança, mas ainda com poucas ferramentas para lidar com essa nova fase.

Essas perdas — ou lutos, como chamamos na psicanálise — são muito doloridas. Mas enfrentar experiências sofridas faz parte da adolescência, e passar por elas do começo ao fim é uma das garantias do desenvolvimento saudável do sistema psicoemocional. Lembra da caixinha de sapatos? As habilidades emocionais só podem ser melhoradas com a prática, e quanto mais se treina durante a adolescência, quando o cérebro é mais maleável, mais fácil será controlar emoções e lidar com o estresse.

Conforme a professora Leila observa, "as sensações dos adolescentes não são exageradas, são mais dramáticas devido à sua imaturidade natural. Nesse contexto, os adultos precisam estar presentes, oferecendo apoio sem julgamentos ou críticas". E é aqui que entra o que chamamos de rede de apoio, composta por família, escola e até amigos.

Essa rede de interação do adolescente é fundamental na construção de seu aprendizado e repertório. Ele aprende a enfrentar desafios usando professores, amigos e a família como modelos. É importante acompanhá-lo respeitando seus limites, ao mesmo tempo que incentivamos o seu desenvolvimento. Quanto mais ele se sentir seguro e amparado por essa rede, maior será sua capacidade de lidar com desejos e conflitos de maneira autônoma.

Parte desse cuidado é também estar atento aos sinais de que esse sofrimento ou angústia pode ser algo mais profundo. Em um cenário em que os casos de depressão na adolescência aumentam, principalmente depois da pandemia de covid-19 (2020-2021)[2], os especialistas dão pistas para identificar sinais de que o sofrimento natural pelo qual os adolescentes passam pode ser um indicativo de depressão e/ou ansiedade.

Na busca da própria identidade, é natural que o adolescente apresente respostas incompletas, mas que sejam adequadas a determinadas situações. O alerta vale para quando essa busca identitária leva a impotência, desistência e paralisia. É importante questionar como — ou se — o sofrimento afeta a vida do jovem de modo global.

Como estão a escolarização, o grupo de amigos, os momentos de lazer? Família e educadores devem observar essas questões. Se um sofrimento maior persiste e ganha terreno, ou seja, tira o adolescente da vida social, pode ser necessária ajuda especializada.

Os alertas mostram-se relevantes sobretudo quando se considera que a Pesquisa Nacional de Saúde Escolar de 2019

---

2. A epidemia causada pelo vírus Sars-CoV-2 infectou mais de 39 milhões de brasileiros. Até dezembro de 2024, mais de 714 mil pessoas haviam morrido em virtude da doença.

(Pense)[3], conduzida pelo Instituto Brasileiro de Geografia e Estatística (IBGE), revelou que 40,9% dos estudantes brasileiros com idade entre 13 e 17 anos se sentem tristes na maioria das vezes ou sempre.

O doutor Mauro Victor aponta três sinais de alerta para os pais:

1. Quando as oscilações de humor durarem mais de duas semanas, sendo marcadas principalmente por tristeza, irritação, desinteresse, falta de motivação e de prazer na maior parte dos dias;
2. Quando houver pensamentos negativos sobre si — sobre o corpo, sobre características psicológicas ou sobre a realidade;
3. Quando há as chamadas "alterações vegetativas", marcadas por alterações no apetite, no sono e na concentração.

Todos esses sinais mostram que esse tipo de tristeza não é normal e que a falta de vontade pode estar associada ao sintoma depressivo. Especialistas também citam a tendência à automutilação.

O papel dos mais velhos — dos adultos — é estar aberto para o diálogo e tratar com mais respeito e empatia a verdadeira carga emocional que o adolescente enfrenta. Quando compreendermos que essa é uma experiência comum, estaremos prontos para oferecer apoio e compreensão — o que faz uma grande diferença no desenvolvimento emocional do adolescente.

---

3. O Pense é uma pesquisa realizada com escolares adolescentes pelo Instituto Brasileiro de Geografia e Estatística (IBGE) com o apoio do Ministério da Educação (MEC). O Pense foi realizado em 2009, 2015 e 2019.

O que é saúde mental?

Muito se fala sobre saúde mental, mas pouco se sabe sobre ela. O termo, que veio à tona na pandemia de covid-19, já é quase um jargão. Mas o que você entende por saúde mental?

A OMS destaca que saúde é o completo estado de bem-estar físico, mental e social. Sua ausência ou precariedade pode resultar em transtornos. Ainda de acordo com a mesma instituição, a boa saúde mental está ligada a uma série de condições que vão além dos aspectos psicológicos e individuais, mas servem como base para que as pessoas lidem com suas emoções positivas e negativas, além de fazerem escolhas saudáveis e construírem relacionamentos, tanto de maneira individual como coletivamente.

Mas como fazer escolhas saudáveis num mundo em que a tecnologia tem nos privado dos esforços físicos e mentais que são, justamente, os que nos garantem a "tal" saúde? Na tentativa de ajudar e facilitar a vida dos seres humanos, a tecnologia tem causado danos à saúde física e mental.

Dados do último mapeamento feito pela OMS mostraram que 15,5% da população brasileira sofre de depressão — ou seja, mais de 33 milhões de pessoas. É bom lembrar que, em nosso país, a situação da saúde psicoemocional já era bastante desafiadora antes mesmo da pandemia. E, no fim de 2023, a Organização Pan-Americana da Saúde (Opas) divulgou um estudo em que 18,6 milhões de brasileiros enfrentam transtornos de ansiedade.

Uma coisa é certa: a pandemia acentuou problemas já existentes e gerou novos. Em 2020, a Associação Brasileira de Psiquiatria (ABP) relatou um aumento de 82,9% nos sintomas de ansiedade e estresse, enquanto um estudo da Universidade Federal do Rio Grande do Sul (UFRGS) revelou que 80% da população experimentou aumento relevante na ansiedade entre maio e julho de 2020.

Em 2021, a ABP estimou que os transtornos mentais estavam relacionados a 96,8% dos casos de suicídio no Brasil. Quanto aos gastos com saúde mental, um estudo do JAMA Health Forum publicado no *The New York Times* indicou um aumento de 53% de março de 2020 a agosto de 2022.

Transtornos de ansiedade lideraram o aumento, com 73,7%, seguidos por transtorno de estresse pós-traumático (37%), transtorno bipolar (32%), depressão (31,9%) e esquizofrenia (2,6%). Os custos no Brasil também cresceram: as consultas psiquiátricas aumentaram 44,5% em cinco anos, chegando a 4,9 milhões após a pandemia.

Os dados são assustadores. Mas o que fazer? Como reverter esse quadro e promover experiências e momentos mais saudáveis na nossa vida? Primeiro vamos entender as possíveis causas de números tão elevados para, depois, pensar no "como".

Fatores que influenciam a qualidade da saúde mental
Pesquisas mostram que os transtornos mentais resultam de causas multifatoriais, incluindo fatores psicológicos, genéticos, ambientais e sociais — como problemas financeiros em camadas mais pobres da população.

A psicóloga Susan David, da Escola de Medicina de Harvard, destaca que, ao longo da vida, as pessoas atravessam fases de desenvolvimento que exigem adaptações, podendo enfrentar desafios sociais e econômicos. Algumas podem desenvolver problemas psicológicos após traumas profundos.

Pesquisadores liderados por Klaus-Peter Lesch — psiquiatra alemão que investiga a base neurobiológica dos traços de personalidade — descobriram que o gene 5-HTT, responsável pela produção do transportador de serotonina, influencia a saúde mental.

A versão "longa" do gene resulta em mais transportadores de serotonina, estando associada a maior bem-estar. Já a versão "curta" contribui para a síntese de menos transmissores, estando relacionada com menor felicidade.

É bom lembrar que não há um único "gene da felicidade", mas um conjunto de genes cuja expressão, combinada com fatores ambientais, estilo de vida, alimentação e microbioma, impactam o bem-estar.

O bem-estar também está conectado à idade e afeta crianças, adolescentes, adultos e idosos. Segundo a OMS, a maioria das patologias tem início entre o final da puberdade e o começo da fase adulta. Jovens entre 18 e 25 anos apresentam altas taxas de ansiedade e depressão.

No caso da depressão, a prevalência é mais alta entre adultos de 55 a 74 anos, com médias de 7,5% nas mulheres e 5,5% nos homens, se comparadas com 5,1% e 3,6% na população geral. Segundo a OMS, as mulheres apresentam duas vezes mais chances de receber o diagnóstico da doença do que os homens. E isso tem que ver com os processos biológicos, as relações sociais e a carga mental e de trabalho.

Segundo um estudo do IBGE de 2019, 29,6% das adolescentes declararam que a vida não vale a pena ser vivida, em comparação com 13% dos meninos. A autopercepção negativa de saúde mental entre meninas foi de 27%, mais do que o triplo dos meninos (8%).

Ambientes familiares tóxicos e questões socioeconômicas impactam a saúde mental, aumentando o risco de doenças psiquiátricas e comportamentos negativos na vida adulta. Problemas como fragilidade nos vínculos, falhas na comunicação e insegurança afetam diretamente nossa saúde emocional.

Em relação a questões socioeconômicas, a falta de acesso à moradia e a insegurança alimentar também são fatores prejudiciais. Em 2019, 22,6% da população brasileira, especialmente aqueles com rendimento inferior a meio salário mínimo *per capita*, não tinha acesso adequado à alimentação. A pandemia, aliada à péssima gestão federal de 2019 a 2022, agravou a desigualdade social, resultando em perda de empregos e de renda e dificultando o acesso à alimentação.

A relação entre escolaridade e saúde mental é reconhecida por educadores e economistas. Em um estudo de 2006, o professor Arnaud Chevalier afirma que a educação tem efeitos positivos diretos na construção de uma vida mais saudável, contribuindo para o desenvolvimento integral dos jovens.

A síndrome de *burnout* — ou síndrome do esgotamento profissional — é outra pauta preocupante e cada vez mais comum. Conforme a OMS, situações de competição são a principal causa de estresse e ansiedade no trabalho. O aumento do volume de trabalho, gestões autoritárias, falta de comunicação e pressão por produtividade são os principais motivos da síndrome de *burnout*. Dados da Associação Nacional de Medicina do Trabalho (ANAMT) de 2023 indicam que cerca de 30% dos trabalhadores brasileiros sofrem dela.

O assédio moral também contribui para os problemas mentais. Entre 2014 e 2022, aumentaram os processos trabalhistas relacionados com a síndrome, somando R$ 2,48 bilhões em indenização, segundo o escritório de advocacia Trench Rossi Watanabe.

Com base em dados do Fórum Econômico Mundial, as despesas associadas a transtornos emocionais e psicológicos podem atingir US$ 6 trilhões até 2030. A falta de ambientes propícios para discutir abertamente a saúde mental nas organizações pode levar ao aumento de casos de *burnout*.

Saúde mental como prioridade

O número de brasileiros que enfrentam transtornos mentais como ansiedade e depressão ou lidam com comportamentos suicidas mostra a urgência de iniciativas eficazes na promoção, no cuidado e na atenção à saúde mental.

Em 2023, a Opas divulgou um relatório sobre saúde mental e covid-19 nas Américas. Após avaliar o contexto e fazer o diagnóstico da situação e de sua gravidade, o documento aponta as ações que devem ser priorizadas pelos governos.

Entre as recomendações estão:

1. Elevar a questão da saúde mental em nível nacional e supranacional.
2. Integrar a saúde mental em todas as políticas.
3. Aumentar a quantidade e a qualidade dos recursos financeiros para a saúde mental.
4. Garantir os direitos humanos das pessoas que vivem com problemas de saúde mental.
5. Promover e proteger a saúde mental ao longo da vida.
6. Melhorar e expandir os serviços de saúde mental e a atenção à saúde mental na comunidade.
7. Reforçar a prevenção do suicídio.
8. Adotar uma abordagem transformativa das questões de gênero em prol da saúde mental.
9. Lidar com racismo e discriminação racial como um dos principais determinantes da saúde mental.
10. Melhorar os dados e as pesquisas sobre saúde mental.[4]

---

4. Documento disponível em: https://iris.paho.org/bitstream/handle/10665.2/57669/9789275727225_por.pdf?sequence=1&isAllowed=y. Acesso em: 25 out. 2024.

Informação forma. Essa é minha frase-mantra, e eu a repito aqui. Quanto mais soubermos sobre determinado assunto, mais nos capacitaremos para lidar com ele. E a conscientização sobre saúde mental avançou: tivemos ganhos significativos, como a Lei n. 14.819/24, que institui a Política Nacional de Atenção Psicossocial nas Comunidades Escolares. Mas ainda há um longo caminho para enfrentar esses desafios, que são enormes. Afinal, não é todo mundo que consegue atendimento ou cuidado efetivo.

Onde buscar ajuda
No Brasil, existem duas formas: o modelo privado, por meio de convênios ou consultas particulares, e o modelo público. As Unidades Básicas de Saúde (UBS) atendem casos leves, contando com apoio das equipes dos Centros de Atenção Psicossocial (Caps).

Os Caps são especializados no tratamento e acompanhamento de casos de saúde mental, estando indicados em situações mais graves, como ideação suicida. Já os Ambulatórios Médicos de Especialidades (AMEs) oferecem atendimento ambulatorial e exames, incluindo Ambulatórios Multiprofissionais de Saúde Mental, com profissionais especializados. Para recorrer ao AME, é necessário o encaminhamento da UBS.

Entenda por que é tão difícil tratar transtornos mentais em adolescentes

Tem quem ache que é frescura, tem quem pense que é loucura. Fato é que, além de enfrentar as próprias implicações dos transtornos mentais, os adolescentes precisam lidar com os olhares discriminatórios dos colegas e das pessoas com quem convivem. Muitas vezes, o preconceito passa a ser o maior empecilho para pedir ajuda e buscar tratamento.

A mãe de um adolescente relatou que o filho começou a enfrentar depressão durante a pandemia. O retorno às aulas presenciais, embora tenha ajudado na retomada da rotina, foi bastante desafiador: "Ele sentia vergonha e receio a respeito do que seus amigos mais próximos poderiam pensar, porque demandava um longo período e a assistência deles para que se sentisse seguro na escola".

Outra adolescente não teve a mesma sorte. A dificuldade de restabelecer os laços com os amigos da escola resultou em um distanciamento dela em relação ao grupo. Para complicar ainda mais a situação, a menina enfrentou três surtos dentro da instituição, o que acabou assustando seus colegas e intensificando os estigmas. A mãe conta que demorou a perceber que a filha precisava de ajuda, que deveria buscar a orientação de um psiquiatra: "Ela passou por alguns episódios de depressão ao longo da pandemia, e pensávamos que, ao retornar à escola, as coisas melhorariam, mas infelizmente a situação se agravou".

O caminho entre desenvolver, reconhecer e tratar um transtorno mental está cheio de obstáculos. Para especialistas, o estigma aparece como uma das principais barreiras. É ele que dificulta que o paciente reconheça sua condição e procure ajuda. E entre o público adolescente, sujeito a uma pressão social maior, as barreiras podem aumentar.

"Meu filho dizia que ia sarar sozinho", conta a mãe do menino: "Ele demorou para aceitar a ajuda de um profissional e entender que precisava ter acompanhamento médico e usar medicação por um tempo. Ele não queria de jeito nenhum. Parece que tinha medo de que descobrissem que estava tomando remédio e fosse chamado de maluco, coisas assim".

Segundo Mauro Victor Medeiros, do Serviço de Psiquiatria da Infância e Adolescência do Instituto de Psiquiatria da USP, o estigma está relacionado a ideias superficiais e negativas sobre algo ou alguém, o que gera exclusão. Isso acontece bastante nos transtornos mentais.

Embora a pandemia tenha contribuído para o aumento dos índices de ansiedade e depressão entre os jovens brasileiros, o médico explica como esse mesmo período apareceu como janela de oportunidade: "As pessoas entraram mais em contato com o sofrimento em saúde mental. Senti que elas passaram a falar muito sobre o assunto e estão começando a entrar em contato e, portanto, revendo conceitos e crenças. É uma boa oportunidade para quebrar estigmas e avançar nos tratamentos", explica.

Em países de média e baixa renda, como o Brasil, a falta de diagnóstico e tratamento atinge cerca de 70% das pessoas com depressão, como comprova estudo conduzido em 2022 pela professora Helen Herrman e seus colaboradores. Os dados foram divulgados na *The Lancet*.

A relação entre jovens e adolescentes com a saúde mental e seus cuidados também têm sido alvo de inúmeros estudos. Levantamento do Fundo das Nações Unidas para a Infância (Unicef) realizado em 2022 mostrou que 47% dos adolescentes entrevistados já sentiram necessidade de buscar ajuda. Destes, 40% não recorreram a ninguém, pois se sentiram inseguros. Entre os que buscaram, amigos, psicólogos e/ou psiquiatras foram os mais procurados.

E está aqui uma dica valiosa quando a doença atinge os mais jovens: a busca de amigos. Andressa, mãe de dois adolescentes, contou com a ajuda das amigas da filha de 15 anos quando a menina passou a ter crises de ansiedade na escola. Segundo ela, o grupo foi fundamental para que ela entendesse que não havia nada de errado com aquela situação: "Minha filha morria de vergonha que os amigos presenciassem suas crises. Ela vivia escondida na hora do intervalo e saía da sala de aula a qualquer sinal de ansiedade, e só foi piorando. Eram as amigas que a ajudavam a se acalmar".

Uma questão que se coloca também é que o estigma não necessariamente vem de fora para dentro, ou seja, do ambiente em relação ao indivíduo. O doutor Mauro Victor explica que o processo de inferiorização pode acontecer internamente: "O estigma ajuda as pessoas a construírem o autoestigma também, que é basicamente ter crenças distorcidas e valores negativos, o que gera muito sofrimento e exclusão da própria pessoa".

Para o professor do Departamento de Psiquiatria da Criança e do Adolescente da USP Guilherme Polanczyk, a fase da adolescência tem seus agravantes. "Eles estão sob influência social muito forte tanto do grupo quanto de outros contextos sociais. Estão formando a identidade deles e também mais inseguros em relação às capacidades", explica.

Escola e família são, certamente, fatores de influência, além das redes sociais. A figura de influenciadores e celebridades ganha um alcance considerável para essa geração, que busca neles referências tanto estéticas quanto morais. Assim, toda postagem tem peso, e os famosos podem atuar tanto para quebrar tabus quanto para sustentá-los.

Porém, quando uma celebridade aparece nas redes e torna pública sua condição de saúde mental é que as coisas podem ganhar novas perspectivas. Em janeiro de 2022, o *youtuber* Felipe Neto contou em seu canal que estava com depressão e que os amigos se revezavam para não deixá-lo sozinho. Na época, ele apelou aos fãs para que também buscassem ajuda.

Para Polanczyk, o fato de ídolos ou pessoas relevantes para os adolescentes revelarem que têm problemas de saúde mental é superimportante para reduzir o estigma. Sem falar na possibilidade de ampliar o conhecimento das pessoas em relação ao assunto: "As pessoas precisam entender do que se trata para que possam se sentir mais seguras e falar a respeito, mas são processos complexos. Há resistência em procurar atendimento e falar sobre os problemas, bem como dificuldade de aceitar o diagnóstico".

Os obstáculos são inúmeros: aceitar e compreender o transtorno, enfrentar os olhares das pessoas, buscar atendimento e encontrar um tratamento que se encaixe em sua realidade social. Segundo dados do estudo do Unicef, apenas 2% dos jovens entrevistados que buscaram ajuda o fizeram com profissionais do SUS. Os mais conhecidos foram o Centro de Referência em Assistência Social (Cras) e o Centro de Atenção Psicossocial (Caps).

Essa baixa adesão ao SUS pode ser explicada pelo desconhecimento e pela falta de infraestrutura. É em meio a esse cenário que especialistas reafirmam o papel das políticas públicas. Sem profissionais treinados e acesso a serviços, é impossível haver diagnóstico e tratamento. Parece realmente difícil enfrentar não só as consequências que os transtornos mentais trazem para o dia a dia dos jovens, mas também o percurso a se cumprir até que eles recebam tratamento e o façam até o fim.

E talvez este seja o maior alerta para as pessoas que convivem com o jovem que está enfrentando um quadro de depressão ou ansiedade: ajudá-lo e apoiá-lo na quebra de todas essas barreiras. Esse papel é nosso.

Saúde mental na adolescência: reconhecendo a diferença entre tristeza e depressão

Como distinguir um sentimento de um transtorno? O que é depressão, o que é tristeza? O que é ansiedade, o que é euforia? Como reconhecer as dores da adolescência?

Tão importante quanto entender e reconhecer o próprio corpo é reconhecer e nomear as próprias emoções. Tão importante quanto cuidar do corpo é cuidar da mente e dos sentimentos. Mas será que sabemos fazer isso? Alguém nos ensina a cuidar dos sentimentos como nos ensinam a cuidar dos bíceps e da barriga sequinha?

Se nem os adultos aprendem, que dirá crianças e adolescentes? Somos o segundo país do mundo com maior índice de adultos com a síndrome de *burnout*. Estudo da International Stress Management Association (Isma) revela que o Brasil ocupa o segundo lugar em número de casos diagnosticados. Se a nossa saúde mental está tão comprometida, como cuidar da saúde emocional de nossos filhos?

Enquanto os índices de doenças e transtornos mentais sobem em adultos, a balança acusa o mesmo crescimento em crianças e adolescentes. Na última década, houve um expressivo aumento nos níveis de ansiedade, depressão, automutilação e suicídio nessa faixa etária. Não à toa, o Setembro Amarelo se tornou um período de referência global para promover a prevenção do suicídio e o bem-estar mental.

Os adolescentes não fogem a essa realidade. Durante essa fase ocorrem múltiplas mudanças físicas, emocionais e sociais que podem deixá-los mais vulneráveis a problemas de saúde mental. Por isso, é essencial buscar estratégias diárias que promovam o bem-estar psicológico e contribuam para o desenvolvimento saudável desse adolescente na vida adulta.

Uma enquete realizada pelo Unicef em 2022 revelou que metade dos adolescentes sentiu necessidade de buscar ajuda relacionada à saúde mental. A pesquisa, feita por meio da plataforma U-Report[5], contou com a participação de mais de 7,7 mil adolescentes e jovens de todo o Brasil, tendo a maioria deles entre 15 e 19 anos.

Na ocasião do levantamento, 50% dos participantes indicaram não ter conhecimento de serviços ou profissionais dedicados a apoiar adolescentes na área de saúde mental. Quando questionados sobre seus sentimentos predominantes, 35% dos entrevistados mencionaram "ansiedade". Além disso, 11% se disseram "preocupados consigo mesmos", 9% "indiferentes" e 8% "deprimidos".

Mas como pais, responsáveis legais e educadores podem entender se o adolescente vem enfrentando problemas nesse campo? Trata-se apenas de um período de tristeza ou ele está de fato deprimido? A resposta está na observação diária e no diálogo. Para os próprios jovens, a chave está no autoconhecimento, uma vez que existe uma linha tênue entre essas duas experiências — que embora sejam distintas, podem causar confusão.

Distinguindo tristeza de depressão na adolescência
Ao contrário da tristeza, que é temporária, a depressão é um estado emocional que pode perdurar por longos períodos, conforme esclarece Mauro Victor de Medeiros Filho, especialista no tema.

---

5. A U-Report é uma plataforma global de pesquisa que trabalha para transformar a vida de jovens ao redor do mundo.

Segundo o especialista, a depressão implica uma mudança na linha de base emocional da pessoa. Ela é acompanhada de desinteresse, falta de vontade, motivação reduzida e perda de prazer, também conhecida como anedonia. Além disso, o transtorno envolve alterações vegetativas, como distúrbios do sono, apetite (aumento ou diminuição) e alterações na motricidade — ou seja, a pessoa fica mais lenta, além de sintomas psicossomáticos, como dores e desconforto corporal.

Ele acrescenta que na depressão também ocorrem alterações cognitivas, entre elas: perda de foco, dificuldade de concentração, prejuízos na memória e um padrão de pensamento pessimista e desesperançoso. Isso pode levar à ideação suicida e a tentativas de dar cabo da própria vida: "Há uma falta de perspectiva de que as coisas podem dar certo, além de um pensamento negativo sobre si, como a desqualificação em relação aos traços físicos, potencialidades, características de personalidade e quanto à própria valorização".

Por outro lado, a psicóloga Leila Salomão Tardivo lembra que a puberdade traz muitas mudanças hormonais e comportamentais, mas concorda que um sofrimento acentuado merece atenção. Tudo começa com o aspecto biológico, que envolve as mudanças corporais, incluindo o desenvolvimento dos caracteres sexuais secundários: "Os meninos experimentam alterações na voz, crescimento do nariz e podem enfrentar problemas de acne, enquanto as meninas podem ganhar peso. Com o tempo, essas mudanças tendem a se estabilizar. No entanto, a verdadeira preocupação surge quando todas essas transformações vêm acompanhadas de sinais e sintomas inquietantes".

Outro ponto é que, no caso da depressão, há um prejuízo bastante claro. Enquanto na tristeza a pessoa consegue continuar desempenhando suas atividades escolares, na depressão ela perde essa capacidade. As notas caem, ela se isola socialmente, fica no quarto, não quer sair, deixa de comer e de se cuidar.

Como os pais/responsáveis e a escola podem ajudar?
A melhor coisa a fazer é ouvir, conversar e apoiar os adolescentes. Há uma crescente preocupação por parte dos pais, embora muitos não consigam oferecer o apoio necessário por conta da sobrecarga de trabalho ou por seus próprios problemas pessoais.

Quando há suspeita de depressão, os pais devem conversar com o adolescente, estabelecer um canal de comunicação aberto e ampliar a rede de apoio dentro da família, assim como na escola e em outros ambientes frequentados por ele.

Segundo os especialistas, é comum que os adolescentes com transtornos psiquiátricos abandonem a escola, entre outras coisas. Ter uma rede de apoio que inclua familiares, educadores e uma equipe de saúde mental será sempre uma saída eficaz para que esses jovens enfrentem suas dificuldades e mantenham uma relação positiva com a educação.

Materiais de apoio e reuniões *online* com os pedagogos da escola podem ajudar nesse processo de transição. O ideal é que, ao retomar as aulas em caso de abandono, isso aconteça sem a pressão das provas e com a possibilidade de realizar trabalhos para recuperar o tempo perdido.

Também é fundamental encaminhar o adolescente para o tratamento médico. Isso demanda avaliação e tratamentos específicos, que incluem psicoterapia, atividade física e outras interações sociais para que o adolescente desenvolva suas potencialidades. Se a depressão for de moderada a grave, pode-se considerar o uso de medicamentos.

O ideal é que os pais estejam sempre atentos e procurem compreender, conversar e passar mais tempo com os filhos para identificar se se trata de tristeza ou se há indícios de depressão. É importante também dedicar mais atenção aos filhos e evitar ficar muito tempo no celular. Se encontrarem dificuldades, a dica é não hesitar em buscar ajuda em grupos de apoio. Essas redes de suporte facilitam a comunicação e a compreensão.

Fique de olho: comportamentos como agitação e irritabilidade excessivas podem ser sinais de ansiedade e depressão. Muitas vezes, a criança ou o adolescente não manifesta sua tristeza da mesma maneira que o adulto. Ela pode demonstrar que tem depressão por meio de irritação e, às vezes, até agressão.

A medicalização das emoções: "É normal ou é transtorno?", eis a questão do século

Vivemos num tempo em que para toda tristeza parece existir um remédio, uma pílula que elimina todo e qualquer problema. Porém, a consequência trágica de maquiar as emoções é que o número de adolescentes e jovens confusos com o que sentem só faz aumentar nos últimos anos.

"É normal ou é transtorno?", eis a questão do século. Talvez pela falta de capacidade para lidar com as emoções, ou pela dificuldade de diferenciar a tristeza temporária de uma condição patológica, muitos pais têm recorrido aos consultórios médicos em busca de soluções rápidas para aliviar os conflitos internos de seus filhos.

A medicalização dos sentimentos e das emoções é um dos grandes desafios da vida moderna. Quando rotulamos como transtornos mentais fatores biológicos ou situacionais que nem sempre precisam de ajuda profissional, perdemos a chance de deixar que os filhos entendam a própria subjetividade para lidar com seus problemas de um jeito mais tranquilo e natural.

Vale mencionar a questão da superproteção dos pais, também conhecida como *overparenting*, que é justamente a interferência excessiva dos pais em assuntos que os filhos poderiam resolver por si próprios, ou seja, um conjunto de atitudes que impede que crianças e jovens tenham uma infância e adolescência saudáveis.

O resultado disso é que muitos adolescentes ficam confusos e podem até apelar para coisas bem ruins porque não sabem lidar com as emoções mais difíceis. Neste contexto, a autonomia desempenha um papel fundamental na criação de crianças e adolescentes. À medida que eles desenvolvem habilidades como andar e falar, é essencial oferecer a mesma independência, só que no campo emocional — mesmo que seja difícil.

Porém, para que isso aconteça de maneira saudável e positiva, é preciso, também, saber dar apoio emocional — o que está longe de medicalizar todo e qualquer sentimento. Adolescentes e jovens precisam revisitar os próprios sentimentos a fim de descobrir o que eles significam, o que provocam e como lidar com eles.

A banalização dos medicamentos
Uma reportagem publicada no *The New York Times* revelou a história de uma adolescente que recebeu a prescrição de dez medicamentos para tratar uma suposta depressão. A jovem, que estava enfrentando uma sobrecarga nos estudos e mal conseguia sair da cama em 2017, viu a ansiedade rapidamente se transformar em desespero, o que a levou a buscar a ajuda de um psiquiatra para aliviar o sofrimento.

Conforme a matéria diz, a partir desse ponto começou uma sucessão de prescrições medicamentosas. Somente em 2021, foram receitados sete medicamentos diferentes para ela. A lista incluía até remédios destinados a convulsões e enxaquecas, embora ela não sofresse desses problemas. Além disso, um deles foi prescrito para estabilizar o humor e outro foi indicado para minimizar os efeitos colaterais de todo o resto. Apesar de algumas melhoras pontuais, a adolescente continuava a oscilar entre momentos de alívio e profunda tristeza. No início de 2023, ela morreu.

Estudo publicado na revista científica *Pediatrics* em 2020 chegou a uma descoberta preocupante. Segundo os pesquisadores Heather Girand, Szymon Litkowiec e Minji Sohnmais, entre 2006 e 2015, a prescrição de psicotrópicos junto com medicamentos para tratar o transtorno do déficit de atenção e hiperatividade (TDAH) subiu de 26% para 40,7%.

Segundo o Conselho Federal de Farmácia, o Brasil viu um aumento notável de cerca de 58% nas vendas desses medicamentos entre 2017 e 2021. No Reino Unido, o censo demográfico de 2021, revelou que 14,7% dos jovens de 18 anos fizeram uso de algum antidepressivo. Já nos Estados Unidos, de acordo com dados do Centro de Controle e Prevenção de Doenças (CDC), esse índice é de 13%.

Parece que há bastante tempo existe uma tentativa por parte da indústria e dos laboratórios farmacêuticos de transformar o ser humano em uma fonte constante e plena de felicidade. A minissérie *Painkiller* (*Império da dor* em português), disponível na Netflix, aborda exatamente a questão da dependência de medicamentos que combatem a dor e promovem o bem-estar a um custo altíssimo. Em seis episódios bem produzidos, a minissérie retrata a epidemia de opioides que assolou os Estados Unidos no final dos anos 1990. Um parêntese para esclarecer: os opioides são analgésicos potentes usados para tratar dores mais fortes.

Por meio da narrativa do CEO de determinada indústria farmacêutica, um médico americano bilionário, acompanhamos a criação do medicamento, que promete aliviar qualquer tipo de dor, independentemente da gravidade dela. E mais: ele não só "tira a dor" como também é associado ao prazer e à felicidade — e é aqui que mora o maior perigo.

A ficção, que é baseada em fatos reais, revela que os executivos da farmacêutica já estavam envolvidos nesse mercado há décadas. E o objetivo era construir uma base de clientes cativos que se assemelhavam aos dependentes químicos. A estratégia foi muito bem-sucedida. Graças a uma campanha de marketing massiva e à cooptação de médicos, o remédio, cujos componentes são a base da heroína, tornou-se extremamente popular no país. Se você não viu, recomendo.

Um dos livros mais importantes sobre essa indústria foi escrito pela médica Marcia Angell: *A verdade sobre os laboratórios farmacêuticos*. A obra analisa como os laboratórios deixaram de cumprir sua missão original de descobrir e fabricar medicamentos úteis, tendo se tornado gigantes do marketing.

Angell, que também é professora no Departamento de Medicina Social da Universidade Harvard, alerta sobre a prescrição excessiva de drogas antipsicóticas, especialmente para crianças e adolescentes.

Para entender a gravidade da situação: em 2020, mais de 2,7 milhões de adolescentes americanos com 12 anos ou mais experimentaram o transtorno do uso de opioides (TUO). Desses, 2,3 milhões receberam opioides por prescrição médica. No entanto, na última década, as mortes por overdose relacionadas a opiáceos ultrapassaram a marca de 80 mil óbitos em 2021, segundo dados do CDC e do National Institute on Drug Abuse (Nida).

Entre janeiro de 2022 e janeiro de 2023, foram registradas 109,6 mil mortes, o que equivale a uma média de 300 óbitos por dia. Ainda conforme o Nida, os sintomas de abstinência incluem dores musculares e ósseas, insônia, diarreia, vômitos e desejos intensos. Esses sintomas podem ser extremamente desconfortáveis e são a razão pela qual muitas pessoas acham tão difícil parar de usar opioides.

No Canadá, o consumo de opioides prescritos já ultrapassou o de cigarros. Representando cerca de 14% do consumo total, são a terceira substância mais consumida entre os adolescentes de Ontário, ficando atrás somente do álcool e de outras drogas. Acontece que os estudantes mais jovens, especialmente do sétimo e do oitavo anos, usaram essas substâncias de forma indevida, ou seja, em quantidade maior, de acordo com informações do Centre for Addiction and Mental Health (CAMH) da Universidade de Toronto.

Marshall Rosenberg, psicólogo, educador e autor do best-seller *Comunicação não violenta*, destaca que restringir a autonomia das crianças pode resultar em conflitos relacionados à superproteção. Ele propõe que os pais ensinem os filhos a resolver problemas e desconfortos com tranquilidade, liberdade e, ao mesmo tempo, de forma consciente e saudável.

É preciso ter coragem de permitir que os filhos vivenciem emoções como a tristeza, a perda e a frustração, pois a diversidade emocional é parte fundamental na jornada de qualquer pessoa. É ela quem vai garantir o desenvolvimento de habilidades e capacidades para que sejamos capazes de superar momentos não tão bons da vida. Dar aos adolescentes a possibilidade de enfrentar esses desafios de maneira mais independente vai fortalecê-los. Só assim encontrarão recursos internos para lidar com as adversidades sem se perder no meio do caminho.

Parte II

As relações entre pais e filhos e a saúde dos adolescentes

O que os pais podem fazer para cuidar da saúde mental dos filhos

Em meio à escalada de sucesso profissional e aos desafios do mundo adulto, os pais têm impedido que seus filhos fracassem. A máxima de que "errar é humano" parece não valer para crianças e adolescentes do século 21, e as consequências têm aparecido nas escolas e nas socializações.

Faz tempo que o mundo se tornou um lugar competitivo. Pode ser que tenhamos perdido a mão da competição saudável, mas a corrida ao topo sempre foi uma ambição do ser humano. Ser reconhecido por seus feitos, ocupar altos cargos nas empresas, ser colaborador de uma multinacional ou ser chamado para trabalhar fora do Brasil parecem ser o sonho de muitos brasileiros. Mas a que custo?

Paga-se um preço elevadíssimo de saúde mental e, muitas vezes, física. Vivemos uma obsessão por um futuro de sucesso que tem levado crianças e adolescentes ao esgotamento mental e emocional. É o que chamamos de *overparenting*: pais que buscam, de maneira equivocada, melhorar o desempenho e o sucesso pessoal e acadêmico de seus filhos.

Em uma entrevista à BBC News, o psicólogo e pesquisador americano Peter Gray, que estuda o tema há muitos anos, afirmou que a atual "epidemia de psicopatologia" que acomete crianças e adolescentes está diretamente relacionada à progressiva redução da independência dos jovens.

Para ele, que também é professor de psicologia e neurociência no Boston College, a diminuição das oportunidades de brincadeiras e outras atividades independentes, não supervisionadas diretamente por adultos, é uma das principais causas do aumento dos transtornos mentais nesse grupo. Com isso, elas se tornam instáveis, têm dificuldade de assumir responsabilidades e criar relacionamentos e não conseguem lidar bem com os problemas e as frustrações que encontram no caminho.

Quando os pais determinam o que os filhos vão fazer ou ser "quando crescerem", eles não estão não apenas limitando o potencial dessa pessoa em formação: estão prejudicando suas habilidades emocionais e socioemocionais para lidar com o estresse, construir relacionamentos e moldar o mundo ao seu redor.

No 4º Congresso Internacional de Educação Parental, que aconteceu em novembro de 2023, a terapeuta americana Mary Nelsen explicou que todo mundo comete erros: "Não existe a mãe ou o pai perfeito. E isso é um lembrete para não esquecermos que aprendemos no caminho", disse a especialista. Nelsen comentou a respeito do modelo educativo chamado de disciplina positiva, composta por afeto, firmeza e empatia, que os pais podem e devem treinar em casa com suas crianças. Trata-se de uma escolha na maneira de conduzir a criação, colocando os limites necessários para estabelecer diálogos saudáveis e cooperação.

Os estudiosos mostram que a resiliência não é um atributo da pessoa, mas pode ser construída com a ajuda da escola, e que o ambiente resiliente da ação pedagógica cresce quando existe o suporte afetivo e emocional necessário para que as pessoas atuem em constante clima de aprendizagem.

Como os pais podem ajudar a fortalecer os filhos
A superproteção colabora para o fracasso dos filhos em diversas áreas. Inclusive, muitos deles crescem achando que o amor dos pais está condicionado ao modo de eles se comportarem. Ou seja, isso leva à autoestima de contingência, o que significa

que seu valor precisa ser conquistado. E como ela se manifesta? Segundo a psicóloga Susan David, esse tipo de autoestima pode se revelar naquela menina que foi elogiada a vida toda pela aparência e desenvolveu um transtorno alimentar. E também no garoto que só tirava nota dez na escola e, por isso, tornou-se o melhor da classe, mas desmoronou porque não conseguiu ser aprovado nas universidades mais bem reputadas.

A psicóloga Carol Susan Dweck afirma que os pais dessa nova geração têm uma interpretação equivocada das teorias de "reconhecer o esforço e não o resultado", ou seja, recompensam os filhos por apenas tentar. E, segundo ela, esse comportamento subestima a capacidade da criança de aprender e se desenvolver com base nas próprias vivências, levando-a, futuramente, a desenvolver uma série de comportamentos imprevisíveis que são o oposto daquilo que os pais esperavam conseguir.

A primeira advertência dos especialistas é: não afaste as dificuldades da vida de seu filho. A bioquímica e jornalista alemã Christina Berndt afirma que uma das principais características dos pais é a sua preocupação com tudo: "As crianças não devem ser embaladas em plástico-bolha," escreve em um dos trechos do seu livro *Resiliência — O segredo da força psíquica*.

A autora reconhece que os pais têm infinitas qualidades. Muitos se orgulham de seus filhos, se divertem com eles e sofrem, sobretudo quando ficam doentes, ainda mais no caso das crianças pequenas. No entanto, ela reforça que fortalecer a resiliência em crianças é um processo contínuo e demanda uma combinação de apoio emocional, ensino de habilidades práticas e modelos de comportamento saudáveis. Diz ela: "Esteja presente para seus filhos, ouça suas preocupações e mostre empatia, cultivando um ambiente onde a expressão emocional seja encorajada, sem julgamento. Demonstre amor incondicional e reforce a ideia de que é normal enfrentar desafios na vida".

Segundo o Kumon Brasil, método de estudo cujo objetivo é desenvolver ao máximo o potencial de crianças e adolescentes, é fundamental que os pais ou responsáveis legais os ajudem a desenvolver habilidades práticas para lidar com desafios do dia a dia. Incentivar a resolução de problemas de forma independente promove a autonomia. Assim, eles conseguem se preparar para tomar decisões e ter um convívio social saudável ao longo da vida.

No artigo "Por que a autocompaixão, e não a autoestima, pode ser a chave para o sucesso", o escritor David Robson fala da importância da autocompaixão e de que as pessoas entendam que é preciso, antes de tudo, desenvolver um olhar mais compassivo para os desafios da vida, o que é o oposto de se julgar ou se criticar por não conseguir ser ou fazer algo. Ele afirma que, para muitos indivíduos, ser crítico consigo mesmo é algo natural. No entanto, várias pesquisas indicam que a autocrítica excessiva costuma ser contraproducente.

A psicóloga Kristin Neff percebeu que, ao cultivar a autocompaixão, as pessoas conseguem se levantar e seguir — mesmo quando estão tristes ou magoadas — sem derrubar outras ao longo do caminho. Além disso, os pais precisam começar a estabelecer limites e regras claras de maneira respeitosa, mas sempre ensinando os filhos sobre responsabilidade pessoal. Afinal, há uma diferença entre ser autoritário e ter autoridade. Quando os pais compreendem isso, tudo flui de maneira mais natural e leve.

Fomente relações saudáveis, estimule a construção de relacionamentos positivos com os colegas e familiares desde a infância. O ato de conversar reflete a expressão da visão de mundo da criança, construindo amizades, entendimento, acolhimento e diálogo. Essas atividades são fundamentais para um desenvolvimento integral e saudável na infância.

Estudo publicado pelos pesquisadores Agnaldo Garcia e Paula Pereira em 2008 revela que as crianças consideram amigos não apenas membros da família, mas também aqueles da mesma faixa etária. Além disso, as interações com amigos da mesma idade têm papel essencial na infância. O estudo destaca que atividades como brincar, jogar bola e conversar com amigos estão associadas aos marcos fundamentais do desenvolvimento infantil.

A primeira referência de comportamento da criança são os pais. Procure ser um modelo de resiliência para seus filhos, demonstrando como você lida com desafios. As crianças gostam de sentir que são importantes. Que tal compartilhar suas experiências de superação e aprendizado com eles? Além disso, é fundamental que os pais exerçam e ensinem a tolerância ao fracasso. Afinal, fracassar é uma parte natural da vida, como também uma oportunidade de aprendizado.

Os desafios existem e não vão acabar, mas buscar uma mentalidade de crescimento com o seu filho pode ser o caminho para que essas crianças, amanhã jovens e adultos, entendam que é possível se recuperar de qualquer que seja o tombo.

Crianças e adolescentes enfrentam esgotamento emocional em prol do "sucesso" na vida adulta

No artigo "Tatuando o desamparo — A juventude na atualidade", o psicanalista Joel Birman fala sobre um tempo em que a complexidade de temas impera nas relações sociais e familiares, e de como esse contexto interfere diretamente no conceito de infância e juventude, causando uma precariedade de experiências e provocando fragilidade psíquica. De forma didática, ele diz que a complexidade do mundo impede que as crianças sejam crianças e que os adolescentes vivam as experiências da adolescência no tempo adequado. E tudo isso causa uma sequência seríssima de problemas às próprias crianças e aos próprios adolescentes.

Pais e mães, na melhor das intenções, mas absortos nas exigências atuais, têm inserido os filhos na loucura da busca de sucesso cada vez mais cedo — sugando, assim, a possibilidade de eles viverem o que é esperado para uma infância e uma adolescência mais saudáveis. Sendo mais clara: na ânsia de preparar os filhos para o sucesso, para um mercado de trabalho extremamente cruel e competitivo, os pais acabam encurtando a primeira infância com estímulos excessivos ao bebê. Depois, repetem o mesmo comportamento na infância, ávidos por alfabetizar a criança tanto na matemática quanto na língua portuguesa.

A criança é inserida no mundo das tarefas porque precisa aprender a nadar, dançar, jogar futebol, desenvolver coordenação motora, falar direitinho na fonoaudióloga, fazer contas com agilidade etc.

A criança que aprenderia tudo isso por meio da brincadeira não tem mais tempo de brincar porque a agenda está cheia. Com 6 anos, ela cumpre uma sequência exaustiva de tarefas e compromissos. Normalmente, termina o dia ou a semana exausta. Muitas têm ficado doentes com mais frequência. Não porque exista algum problema de imunidade com elas, mas porque estão exaustas. Algumas ainda precisam enfrentar uma sequência de médicos para investigar sua situação clínica. Em geral, elas só precisam de tempo para ser crianças.

Como insiste o médico Daniel Becker, especialista pela Sociedade Brasileira de Pediatria (SBP), essa criança precisa de tempo na natureza. De pé descalço na grama, de sentir e descobrir o próprio corpo numa brincadeira ou subindo numa árvore. Quer melhor desenvolvimento motor que o de experimentar o corpo na natureza? Mas é tanta coisa para fazer, tanto médico ou especialista para consultar que a criança não tem tempo para si mesma. A infância passa a ser ocupada pelas preocupações dos pais e pelas tentativas de resolver os "problemas" de desenvolvimento que ela supostamente tem. Por que ela está demorando para ler? Por que demora para responder?

A sociedade metralha a criança com uma sequência de perguntas que não fazem sentido para ela. E, assim, ela logo cresce, se imbui das preocupações e demandas da vida adulta e entra na adolescência precocemente. É comum ouvir dos pais que aos 11 anos os filhos trazem questões que antes apareciam com 14 ou 15 anos. Via de regra, as meninas têm menstruado mais cedo. Além disso, o corpo se desenvolve com maior velocidade e a sexualidade se introduz precocemente. O vocabulário se "adultiza" e, com 11 anos, as crianças deixam de brincar e pedem para dar rolê com a turma no *shopping*. Chegou a famosa — e temida — adolescência.

Tem início, então, a segunda parte dessa saga rumo ao esgotamento emocional dessas pessoas. Aos 12 anos eles querem fazer programas, mas só podem se estiverem acompanhados dos pais. Aos 14 ou 15, querem ir para festas e baladas, mas é perigoso porque "é muito cedo", tem bebida, tem droga, tem coisas que "não são para sua idade".

Aos 16, a maioria dos adolescentes de classe média não sabe pegar ônibus sozinha, muito menos metrô. Afinal, eles estão acostumados com os pais que levam e buscam ou com os serviços de aplicativos, como o Uber. Mas então os próprios pais reclamam que "essa geração não faz nada sozinha". E realmente não fazem, porque eles não deixam.

Em nome da segurança, da proteção contra o perigo e do ingresso nas melhores faculdades — visando o tal sucesso profissional e o mercado acirrado que se avizinha —, os adolescentes também são privados de viver as experiências necessárias para o desenvolvimento pleno e saudável dessa fase da vida.

O resultado? A adolescência precisa durar mais, precisa se prolongar na linha cronológica do ser humano, porque o jovem só conseguirá vivenciar certas coisas quando tiver mais idade e, supostamente, estiver mais protegido das violências do mundo e mais "preparado" para enfrentar a competitividade que o aguarda.

Joel Birman afirma que "o efeito maior disso tudo é a fragilização psíquica das crianças e dos jovens". E completa com uma citação de Freud: "Por não poderem experimentar as dificuldades e os impasses que o espaço da rua e da circulação urbana impõem, os jovens não constroem medidas de proteção para isso. Com isso, o trauma se transforma numa experiência agora comum, pois se os jovens não puderem aprender para antecipar o perigo ficarão expostos então à experiência traumática".

Quando nós, pais, reclamamos — "Ah, porque as crianças de hoje em dia" ou "Nossa, mas esses adolescentes não fazem nada, ficam esperando a gente falar para se mexer" —, estamos atribuindo a eles uma responsabilidade que é 100% nossa. Somos nós que não deixamos as crianças serem crianças e os adolescentes serem adolescentes. E em nome de quê? De uma sociedade que está agonizando nas taxas de *burnout*. Como já mencionei, o Brasil é o segundo país do mundo em casos de ansiedade e depressão — e que consome conteúdos de autoajuda massivamente na tentativa de sair da cratera.

Como mudar esse cenário? A infância e a adolescência só serão saudáveis se tivermos uma sociedade saudável — portanto, pais e mães minimamente equilibrados. Se crianças e adolescentes estão se comportando como estão, é porque pais e sociedade civil, de maneira geral, têm lhes dado comandos para que se comportem como tal. Somos nós, pais e sociedade, que estamos encurtando a infância e prolongando a adolescência em nome de um futuro que tem tudo para dar errado. O problema é acharmos que não fazemos parte do problema.

Adolescentes dizem que a vida não vale a pena ser vivida

A saúde mental dos adolescentes está em crise e só vai sair desse buraco se afeto, gentileza e escuta forem as principais vias na construção da relação entre eles e os adultos.

Recomendo que você assista ao filme *Um filho* (2022), do diretor francês Florian Zeller, narrativa inspirada em muitas histórias reais que termina com uma dedicatória: "A Gabriel". Gabriel era um menino com depressão crônica, filho de pais separados, que abandonou a escola porque carregava o peso da dor da vida.

Isso mesmo: dor da vida. Para alguns, viver é mais dolorido que morrer. Num determinado ponto do filme, Nicholas — como é chamado o personagem que vive o adolescente — é internado e os psiquiatras insistem com os pais para mantê-lo ali, pois ele precisa de tratamento químico.

Não vou contar como o filme se desenrola, obviamente, mas sugiro que assistam e prestem atenção aos inúmeros diálogos entre pai e filho. A escuta, a disposição para estar presente, o carinho, o afeto, a segurança do abraço. E o inverso disso também.

Mas aonde eu quero chegar? Ir mal em uma prova, não ser aceito num grupo de colegas, achar-se feio em determinada roupa ou acreditar que não entrará em uma boa faculdade são situações que, em um primeiro momento, parecem comuns na vida de um adolescente.

O doutor em História Social Dante Gallian afirma que existe uma epidemia de transtornos mentais na sociedade, e precisamos entender qual é a vacina para isso. No Brasil, um dos estudos mais usados para tratar desse assunto é a Pesquisa Nacional de Saúde do Escolar (Pense), feita pelo Instituto Brasileiro de Geografia e Estatística (IBGE). A edição de 2019 mostra que cerca de um terço dos estudantes de 13 a 17 anos sentiam-se tristes na maioria das vezes ou sempre. E 21,4% deles sentiam que a vida não valia a pena ser vivida. Como pode um pensamento desses sair da cabeça de jovens no momento em que a vida mais pulsa? O que leva adolescentes, aqueles que julgamos ser "o futuro", a desistir da vida, a perder o brilho nos olhos?

Como sabemos, a pandemia do coronavírus levou esse grupo a novos casos de ansiedade e depressão. Na busca de alternativas a esse cenário, é fundamental a criação de uma rede de apoio aos adolescentes. Dos pais aos amigos, educadores e colegas, vários são os pares que podem ficar atentos à saúde mental desse grupo.

Mas aqui vai um alerta: os pais nem sempre são os mais preparados e procurados pelos filhos, e muito disso está diretamente relacionado a um descompasso que existe entre os adultos e os adolescentes. Afinal, os primeiros tendem a desvalorizar a dor dos segundos. É preciso aprender a escutar a dor do outro com mais empatia e gentileza. É preciso descer do salto da autoridade parental para se relacionar com o adolescente de maneira mais próxima e humana.

"O adulto precisa estar presente e compreender. O entorno necessita estar preparado para estabelecer um diálogo e compreensão sem muita invasão. Os filhos têm de sentir que podem contar com os pais", explica a psicóloga Leila Salomão Tardivo. Seu filho conta com você? Seu filho lhe conta o que se passa na cabeça dele? Ele fala das angústias, dos medos e receios?

Você vai me dizer que os adolescentes não falam — ou são monossilábicos —, mas discordo. Eles podem falar pouco ou menos do que os adultos gostariam, mas falam. E mais ainda, escutam (capacidade quase extinta nos seres crescidos). Nós, adultos, perdemos a capacidade de escutar o outro. Ouvimos com o sentido, mas não escutamos com o sentimento. Dessa forma, a relação de confiança entre pais e filhos é comprometida.

Isso porque a adolescência traz por si só um sofrimento natural explicado por diversos fatores, entre eles as alterações hormonais. Além disso, a região do cérebro que "regula as emoções" ainda não está completamente desenvolvida, o que pode acontecer até os 25 anos. Assim, trata-se do momento em que o adolescente depara com um grande número de emoções sem ter experiência de vida suficiente para lidar com elas.

Mas nem sempre os adultos têm noção de tudo isso. Para Sabine Pompeia, professora do departamento de Psicobiologia da Universidade Federal de São Paulo (Unifesp), ocasionalmente o adolescente vai falhar: "É natural dentro desse processo, mas a gente tem pouca paciência com eles. Eles se sentem injustiçados, e isso separa ainda mais as gerações". O segredo da relação está no equilíbrio entre a compreensão e a cobrança; devemos empoderar o adolescente estimulando-o a gerenciar as próprias emoções.

O ponto é: aceitar que ele seja assim, mas tentar corrigi-lo. Pegar no pé, mas estar aberto para acolher quando algo dá errado. Sem esse diálogo com os adultos, o adolescente se isola e corre um risco muito maior de se expor à depressão. Nesse caminho, os pais podem cair na armadilha do "você está exagerando" quando, na verdade, o filho está lutando contra problemas de saúde mental. Mas como fazer diferente? Como auxiliar o adolescente a fortalecer seu controle emocional nessa fase tão complicada da vida?

Em primeiro lugar, normalizando o estresse, como indica a psicóloga americana Lisa Damour em entrevista ao jornal *The Washington Post*. Ela também lembra a importância de se mostrar aberto e caloroso inclusive nos momentos mais simples — aqueles que muitas vezes parecem "banais" — da vida do adolescente.

Quando o adolescente se atrapalha na entrega de uma tarefa, por exemplo, ou depara com algum outro problema, nem sempre é papel dos pais tomar as rédeas e resolver a situação sozinhos. O filho deve ser estimulado a tirar proveito das experiências de erro.

Também é preciso dar esperanças — no plural mesmo. O estresse acentuado pelo qual um adolescente passa é natural. Mas, quando ele passa do ponto — dando sinais comportamentais como apatia ou excesso de agitação — e chega a níveis de depressão e ansiedade, é importante que ele saiba que aquilo não é permanente e os sintomas de uma depressão não vão defini-lo.

Devemos ouvir os adolescentes e cuidar dos seus machucados. Não é assim que agimos quando eles são crianças e vivem ralando o joelho? Os jovens se machucam e também precisam de carinho, de um curativo dentro do peito. E como fazemos isso? Mostrando que nos importamos.

O psiquiatra americano Jerome Motto[6] percebeu que, quando os médicos enviavam cartas perguntando sobre pacientes que haviam tentado suicídio, estes se sentiam mais valorizados,

---

6. No fim dos anos 1960, Jerome Motto (1921-2015) iniciou um projeto de pesquisa ambicioso: profissionais que haviam atendido pacientes suicidas escreviam breves cartas amistosas para saber como eles estavam. Depois de anos enviando as cartas e recolhendo dados, ele provou que as chances de membros do grupo assistido cometer suicídio eram duas vezes menores que as do grupo que não recebeu as cartas.

e o que poderia ser um ato pequeno ou até burocrático tornou-se uma ferramenta capaz de reduzir drasticamente o risco de suicídio — inclusive de adolescentes.

Estamos negligenciando a saúde mental dos jovens, e eles já nos deram sinais de que não conseguem lidar com tanta dor. Os adolescentes também precisam ser cuidados, e tenho certeza de que somos capazes de fazê-lo.

Overparenting: entenda o termo atribuído a pais que não permitem que os filhos fracassem

Será que crianças e adolescentes têm tido a chance de errar? De fracassar? Existe uma geração que não fracassa sendo formada por pais, e isso é o mesmo que armar uma bomba. Afinal, se o ser humano não puder vivenciar a frustração nem lidar com ela, terá sérias dificuldades de trabalhar coletivamente, uma daquelas habilidades socioemocionais tão exigidas nas escolas. Estudos também apontam que eles se tornarão adultos mais ansiosos.

E são as próprias escolas que têm vivido as primeiras consequências dessa geração que não pode ser frustrada nem contestada. Que não consegue admitir um erro. Que não sabe se relacionar com quem pensa diferente dela. Trata-se de uma mistura entre intolerância social e um suposto poder de invencibilidade humana.

Desde que o mundo é mundo, dos feitos mais comuns aos mais extraordinários, todo sucesso esconde um caminho repleto de erros e fracassos. Isso é fato. A questão é que nem todos estão preparados para enfrentá-los. Mais do que isso, nem todos estão preparados para ver seus filhos e filhas os enfrentarem. Apesar disso, especialistas alertam que conviver com o erro deve ser algo que tanto pais quanto filhos precisam aprender.

A máxima não é nova: "É errando que se aprende". E não são poucos os exemplos que comprovam isso. De chefes de empresa a campeões esportivos, há inúmeros casos que nos lembram que a única forma de aprender e melhorar é falhando e/ou fracassando antes. Porém, só é possível entender isso de verdade se o processo de aprender errando estiver presente desde a infância.

Em entrevista à revista *Trip*, o campeão olímpico de natação César Cielo disse que, durante sua atuação como atleta de alto rendimento, odiou 99% do tempo passado na piscina (experimentou frio, dor e cansaço). Apesar disso, o prazer da conquista, do esforço e da vitória até hoje o impede de se aposentar oficialmente. E o atleta não está sozinho nessa percepção.

Em suas redes sociais, o pediatra Daniel Becker lembrou o caso de Michael Jordan, que perdeu mais de 300 jogos e errou mais de 9 mil arremessos, sendo 26 deles decisivos. Com tantos erros, ele ainda se tornou um dos maiores nomes do basquete. Mas o que esses exemplos têm que ver com este capítulo?

Segundo o consultor e escritor americano Ryan Leak, o fracasso é o segredo do sucesso, e os pais precisam ajudar os filhos nesse processo: "De maneira geral, os pais querem o melhor para seus filhos, mas querendo o melhor acabamos colhendo o pior num futuro bem próximo". Um estudo da Universidade Stanford publicado em 2015 mostrou que a maneira como um pai ou uma mãe vê e/ou reage ao fracasso do filho está diretamente relacionada à forma como ele perceberá sua inteligência.

Para Daniel Becker, ao longo da primeira infância, "os pais castigam, punem ou criticam a criança quando ela faz algo errado, e isso pode gerar medo de errar". Pode impedi-la de tentar, de se arriscar, de experimentar. De lidar com o erro para buscar o caminho do acerto, da conquista.

É natural que a criança não saiba logo de início o que é certo ou errado, o que pode ou não ser feito. É com base em suas experiências que ela terá a chance de aprender a distinguir esses conceitos. O mesmo vale para o adolescente, e aqui existe uma questão vital: até que ponto você está disposto a lidar com o erro e o fracasso do seu filho? Consegue ajudá-lo a passar por esses momentos de maneira enriquecedora e positiva? Afinal, é preciso viver as consequências dos nossos atos para aprender com eles. Ainda não inventaram outra forma humana de evolução.

Na contramão, não é raro ver pais superprotetores que buscam a todo momento poupar seus filhos. Pais que tomam suas dores, fazem as tarefas que eles deveriam fazer, mandam comida especial para a escola, brigam com a professora por uma nota baixa — afinal, "meu filho se esforçou". Da mesma forma, é comum ver aqueles que são rígidos demais nas punições e nas cobranças. Pais que ultrapassam (*over*) o que chamamos de parentalidade saudável.

Segundo informações publicadas em um estudo da Universidade de Tecnologia de Queensland, na Austrália, pais culpados por esse tipo de superpaternidade "tomam a percepção de seus filhos como verdade, independentemente dos fatos" e são "rápidos em acreditar em seus filhos em detrimento de um adulto, negando a possibilidade de que eles tenham cometido erros".

A superproteção dos pais não ajuda crianças e adolescentes a adquirirem responsabilidade e limites. Para tanto, eles precisam ter a chance de resolver problemas à sua maneira. Essas habilidades não podem ser avaliadas em testes padronizados ou provas, mas são fundamentais conforme as crianças — e, principalmente, os adolescentes — planejam sua jornada para a vida adulta. Pais e mães, em nome da superproteção e do medo, estão tirando a chance de os filhos se desenvolverem, e isso está longe de trazer sucesso ou felicidade.

A criança e/ou o adolescente passa a viver com uma eterna frustração, porque não é capaz de agir por conta própria. Os pais "correm para a escola ao serem informados de que seus filhos esqueceram a lancheira, a lição de casa ou o uniforme de educação física" e "exigem notas melhores nos relatórios do semestre final ou ameaçam desistir da escola".

Mas o que fazer? O estudo da Stanford aponta um caminho. Segundo a pesquisa, se os pais lidam com o erro de maneira positiva, entendendo que ele é parte do amadurecimento, os filhos tendem a fazer igual. Outro aspecto é trabalhar a confiança dos pais de que os filhos serão capazes.

O processo de aprendizagem também não poderia deixar de considerar a escola. Como parte de uma série de estratégias para melhor acomodar erros e fracassos, o colégio paulistano Vera Cruz, por exemplo, tem a criança como protagonista dessa vivência. A escola é um elemento mediador e facilitador para que as aprendizagens aconteçam. Mas quem aprende é o sujeito.

No Vera Cruz, o caminho de erros até a chegada ao êxito é estimulado por meio de várias atividades. Há, por exemplo, um investimento na produção de projetos, o que incentiva as crianças a buscarem soluções e encararem situações nas quais nem tudo sai como o esperado. Na visão da orientadora educacional do Fundamental I, Maria Eneida Fiuza, "quando olhamos as coisas como processo, estamos nos constituindo para aprender. Temos esse tempo em que é permitido à criança experimentar soluções e fracassos até resultar em sucesso".

Uma das medidas é fazer a criança e o adolescente entenderem o erro e a falha como parte do processo de aprendizagem, incentivando-os a persistir em determinada tarefa mesmo após o erro e elogiando quando algo dá certo.

Mas cuidado: elogiar uma conquista ou a superação de um obstáculo é bem diferente de proferir elogios fofos toda vez que seu filho fizer algo. A melhor maneira de se fazer um elogio é valorizando o esforço e a dedicação, não o resultado.

Ter crianças e adolescentes que saibam lidar com frustrações é também ter indivíduos mais preparados para a vida adulta. Um adulto bem preparado é aquele que tem flexibilidade e raciocínio ativo para transformar. A gente não acerta o tempo todo. A capacidade de lidar com a frustração é estruturante do sujeito.

Geração fone de ouvido: com perda auditiva precoce, estudo indica maior risco de demência entre os jovens

Nas ruas, no transporte, na escola e até em casa, é praticamente impossível ver um adolescente sem seus fones de ouvido. O equipamento — ou acessório —, que se tornou imprescindível para qualquer pessoa conectada ao mundo virtual, vem sendo cada vez mais usado por crianças e adolescentes.

Mas em um contexto em que problemas auditivos crescem globalmente, especialistas alertam para alguns cuidados que devem ser tomados no momento de usar fones de ouvido. No mundo, mais de 1,5 bilhão de pessoas experimentam algum grau de perda auditiva, segundo a OMS. De acordo com esses especialistas, a expectativa é que esse número cresça nos próximos anos. A maioria é de casos leves, quase imperceptíveis dependendo da idade, o que reforça a importância de realizar avaliações auditivas periodicamente e intervir com uma reabilitação, se necessário.

A fonoaudióloga Márcia Mota Ferreira diz que nunca atendeu e reabilitou tantos jovens por conta de problemas auditivos. Nesse caso, não é exagero associar o aumento à superexposição sonora que o ambiente digital traz. O fácil acesso à música e o crescimento da indústria dos *games*, que, com fones poderosos, isola os jogadores do "mundo real", são alguns fatores que expõem crianças e adolescentes ao risco de desenvolver problemas auditivos de modo cada vez mais precoce.

"Temos o compromisso de orientar os jovens. Usar o fone é muito bacana, mas se usar de forma inadequada não será saudável. Esse uso apresenta riscos porque nem sempre controlamos a intensidade [do som] e o tempo de uso", explica Márcia. No caso de crianças e adolescentes, em virtude da diferença de tamanho do canal auditivo, o volume da música ou de qualquer outro conteúdo sonoro deve ser mais baixo do que o do adulto.

Ainda há poucos estudos sobre os impactos do uso de fones de ouvido em crianças e adolescentes. Mas já se sabe que, se o tempo de uso e a intensidade do volume forem exagerados, o risco de perda precoce e de queixas auditivas existe. Um problema que antes era tipicamente associado ao envelhecimento passa a afetar os mais novos.

Inclusive, uma pesquisa conduzida em Roterdã, na Holanda, em 2018, apontou que uma de sete crianças apresentou sinais de perdas auditivas que poderiam estar associadas à exposição aos fones de ouvido. Outro estudo publicado na revista científica *The Lancet* em 2020 mostrou que as perdas auditivas indicam maior risco para o aparecimento de quadros de demência. Com ele, surgem outros problemas, como obesidade, baixo nível de escolarização e depressão.

Ainda não se pode dizer com certeza que o uso exagerado de fones de ouvido na infância e adolescência causa demência, mas já se sabe que as perdas auditivas que aparecem ao longo da vida podem determinar o aparecimento dessa condição.

Além de impactar a saúde física, o uso de fones de ouvido está relacionado à saúde mental. Isso porque boa parte da nossa relação com o mundo se dá pela audição. É também por meio dela que a nossa comunicação acontece, e que tomamos consciência do nosso corpo no espaço a partir das pressões sonoras que sentimos no ambiente. Por isso, quando um jovem coloca um fone de ouvido, seja para ouvir música ou para jogar, ele acaba se isolando do mundo externo e dos conflitos que se apresentam.

Sem a audição, o isolamento, que em casos de depressão, por exemplo, era só mental, também vira físico. A fonoaudióloga Márcia explica: "Quando usamos redutores de ruído o tempo todo, temos uma noção espacial diferente. Há um isolamento do mundo que começa no corpo e é sensorial".

Apesar dos riscos, ainda é difícil imaginar um mundo sem o acessório. Por isso, é possível seguir algumas orientações para fazer um uso mais saudável dele. Para crianças e adolescentes, a OMS recomenda uma quantidade de 75 dB por 80 horas semanais. Em celulares da Apple, por exemplo, é possível controlar essas medidas de tempo e intensidade por aplicativos, onde também se encontram mais informações sobre o uso correto dos fones de ouvido. Já em aparelhos Android, é possível fazer esses ajustes por meio do próprio sistema operacional ou com a ajuda de aplicativos disponíveis na Google Play.

Para especialistas, quando o som começa a vazar, ou seja, quando alguém que não está usando o equipamento começa a escutar o som que vem do fone, há um risco. Quando o usuário entra em um estado de isolamento completo, também é hora de abaixar o som.

Em linhas gerais, o recomendado é nunca usar fones de ouvido com o volume máximo. Ele deve ser mantido na metade ou um pouco abaixo da metade do limite sonoro do aparelho. Além disso, os pais também podem regular a exposição sonora dos filhos reduzindo o limite de volume máximo nas configurações do aparelho celular.

Quanto ao tipo de fone ideal, recomenda-se aqueles que oferecem uma vedação maior, pois o som se dispersa menos e há menor necessidade de deixar o volume alto. Para crianças, os pais podem procurar linhas especiais providas de limitador de volume.

É importante manter o acompanhamento da saúde auditiva em dia: "A exposição sonora aumentou muito, mas a realização de exames e os diagnósticos de perda auditiva ainda são baixos," afirma a fonoaudióloga. Com o uso disseminado e cotidiano dos fones, talvez esses exames se tornem parte da rotina.

Sharenting: prática de expor filhos na internet coloca as crianças em risco

Se, por um lado, cada vez mais as crianças consomem conteúdo em redes sociais, por outro, elas também estão cada vez mais presentes do outro lado da tela. Ou seja, são o próprio conteúdo. Impulsionada pela prática do *sharenting* — compartilhamento de fotos e vídeos dos filhos pelos pais —, a presença infantil em redes sociais, exposta para milhões de pessoas, dispara um alerta em relação à segurança das crianças.

O termo *sharenting* é uma junção de *share*, compartilhar, com *parenting*, paternidade, e se dá quando os pais expõem, de alguma forma, a imagem dos filhos no mundo digital. E, na era dos influenciadores digitais, essa prática obtém um número recorde de visualizações. O perfil "Pai, tô com fome!", por exemplo, conta com mais de 300 mil seguidores no TikTok. Nele, o chefe de cozinha Patrick Bragato se junta ao filho Louis, de 11 anos, para ensinar receitas.

Há também casos no YouTube, como o do canal "Bel para meninas", com mais de 7 milhões de inscritos, protagonizado por Bel Peres, uma garota de 16 anos. O canal existe desde 2013 e, em 2020, entrou na mira do Ministério Público do Rio de Janeiro por suposto comportamento abusivo da mãe em alguns vídeos. Na época, determinadas publicações chegaram a ser removidas.

Na visão da professora Luciana Carla dos Santos, do departamento de Psicologia da Faculdade de Filosofia, Ciências e Letras da USP de Ribeirão Preto, nessa prática há pontos positivos e negativos: "Famílias que precisam de ajuda para algum tipo de tratamento para os filhos divulgam fotos fazendo o pedido e o atingem, seja pela colaboração econômica da sociedade civil, seja chamando a atenção dos serviços públicos".

Especialistas também apontam que o *sharenting* pode facilitar que parentes ou amigos distantes acompanhem o desenvolvimento da criança por meio da internet. "Para muitas famílias, é importante registrar como a criança está se desenvolvendo. As mães também podem dividir com seus seguidores experiências de maternidade, que pode ser solitária para muitas mulheres", aponta Gabriela de Almeida, diretora do Redes Cordiais.

Existem, portanto, referências positivas. Humberto Baltar aproveitou a sua relação com o filho para criar um perfil no Instagram chamado "Pais pretos presentes". Com mais de 50 mil seguidores, a página se tornou um espaço para compartilhar experiências de paternidade, ao mesmo tempo que aborda temáticas raciais.

Por outro lado, apesar das boas experiências, a exposição de crianças nas redes sociais traz riscos à segurança. A professora Luciana alerta: "As redes sociais nos expõem a riscos de segurança, pois criminosos podem usar nossas informações de diversas maneiras". Ela cita crimes cometidos contra crianças praticados com base em informações vindas de redes sociais e até mesmo crimes situados no próprio ambiente digital.

Na internet, a simples presença de um usuário se traduz em dados valiosos para plataformas digitais. Você imagina quantos dados produz uma criança que é exposta desde muito nova?

Um estudo realizado pela instituição financeira inglesa Barclays joga luz sobre o tema. Segundo ele, até 2030, a prática de *sharenting* será responsável por dois terços das fraudes relacionadas à identidade, o que custará cerca de 667 milhões de libras por ano. Segundo o banco, os pais devem verificar as configurações de privacidade *online* e monitorar as informações que estão sendo disponibilizadas sobre seus filhos.

Os alertas para o impacto dessa exposição no desenvolvimento psicossocial das crianças continuam. Essa ponderação é importante, uma vez que as experiências da infância impactam diretamente o resto da vida, com desfechos positivos ou negativos. Quando há uma exposição contra a vontade das crianças, elas podem se sentir desrespeitadas. Os pais são cuidadores e deveriam ser protetores dos filhos — lembrando que a vida é deles.

A vulnerabilidade em relação a discursos de ódio também joga contra a exposição de crianças na internet. Isso porque, expostas nas redes sociais, elas podem estar sujeitas a crimes como *cyberbullying*. É preciso ter cuidado, porque a criança não tem poder de escolha e não tem muita noção para falar o que está sentindo.

Por que expomos os filhos na internet?
Um estudo de 2017 da reguladora de mídia britânica Ofcom observou que 42% dos pais entrevistados compartilhavam fotos dos filhos. Essa exposição pode servir a diversos fins — dos mais simples, como compartilhar os primeiros passos da criança, aos mais complexos, caso das crianças que garantem uma parte da renda familiar produzindo conteúdo nas redes sociais.

Para a educomunicadora Januária Alves, a prática do *sharenting* vem da suposta necessidade de expor e compartilhar intimidades do cotidiano nas redes sociais. "Mostrar o filho é muitas vezes mostrar o sucesso como pai, e está ligado à necessidade de aceitação. Acho que os pais devem avaliar essa exposição com muito cuidado". É como se não houvesse mais uma separação entre vida *online* e *offline*, o que naturaliza a exposição das crianças.

De qualquer forma, é nosso dever proteger a privacidade e a individualidade das crianças. Por isso, cabe ressaltar algumas recomendações de segurança na hora de exibi-las na internet. O Instagram, por exemplo, permite criar um perfil privado, fazendo que as publicações fiquem visíveis somente para os seguidores e os pais tenham um controle maior de quem acessa a conta.

A lei brasileira também está atenta a essa exposição. A Lei Geral de Proteção de Dados (LGPD) estabelece que "o tratamento de dados pessoais de crianças e adolescentes deverá ser realizado em seu melhor interesse". O Estatuto da Criança e do Adolescente (ECA) vai no mesmo sentido ao tratar da preservação da imagem e da identidade como direito da criança.

Idade certa para aparecer nas redes sociais?
Como em outros casos, a resposta passa pelo equilíbrio. A prática do *sharenting* pode tanto servir para facilitar o compartilhamento de momentos especiais da criança quanto para a facilitar a prática de crimes. Por isso, a solução está nos cuidados para evitar extremos. Especialistas apontam que conversar com os filhos sobre o que circula sobre eles na internet e alertar para os riscos é um bom caminho.

Gabriela de Almeida orienta os pais a não expor o colégio em que os filhos estudam por meio de fotos ou vídeos com uniforme escolar, por exemplo. Além disso, também é importante ter cuidado com a geolocalização que algumas redes por vezes solicitam. Plataformas como TikTok, Instagram e YouTube dizem aceitar inscrições apenas de maiores de 13 anos (início "oficial" da adolescência), mas muitas vezes esse controle é burlado. Cabe aos pais ficar de olho.

A moda da melatonina: entenda por que seu filho não precisa dela

As farmácias americanas costumam reservar uma gôndola inteirinha para os diversos tipos de melatonina, suplemento hormonal usado para induzir o sono. Em gotas, pastilhas, bala de goma ou pílulas. Com embalagens que usam símbolos do universo infantil, como ursinhos de pelúcia e a onomatopeia do sono (zzzzz), elas chamam a atenção dos pequenos. Toda essa "cenografia" — e a percepção de que a substância não faz mal — contribui para seu uso desenfreado.

Nos Estados Unidos, o consumo de melatonina está presente cada vez mais cedo: 18% das crianças entre 5 e 9 anos a utilizam. Uma pesquisa da Universidade do Colorado mostrou que uma de cinco crianças com até 14 anos usa o hormônio regularmente, e em 2022 a Associação Americana de Medicina do Sono emitiu um alerta de saúde sobre o uso desenfreado da melatonina por jovens. No Brasil, especialistas também percebem o aumento do consumo. Em 2023, a Agência Nacional de Vigilância Sanitária (Anvisa) proibiu a fabricação e a venda da melatonina para crianças e adolescentes, liberando-a apenas para pessoas maiores de 19 anos.

A melatonina é um hormônio produzido pela glândula pineal, que é responsável por regular nosso relógio biológico. E é durante a noite, no sono, que ela é produzida e liberada. Consumida em excesso, traz riscos à saúde e esconde problemas na rotina de crianças e adolescentes.

Para a pediatra Ana Escobar, o uso crescente de melatonina por crianças e adolescentes está diretamente relacionado com a hipermedicalização da sociedade. Em vez de ter o "trabalho" de regular o ciclo do sono dos filhos ou enfrentar noites em claro, alguns pais preferem dar a melatonina. Vendida como suplemento em farmácias, ela dispensa prescrição médica, o que facilita o consumo. "Não adianta tentar provocar o sono com medicamentos artificiais. Esse sono nunca vai ser profundo, real, e de fato reparador", explica a médica.

Pode dar melatonina para criança?
A Associação Americana de Medicina do Sono recomenda que os pais consultem um médico antes de dar melatonina aos filhos. Dados do Centro de Controle de Doenças norte-americano mostram que o número de crianças que ingeriram involuntariamente o suplemento saltou 530% entre 2012 e 2021, sendo que mais de 4 mil casos resultaram em internação hospitalar.

Não há indicação de uso de melatonina para crianças menores de 3 anos. O Hospital Infantil de Boston, nos Estados Unidos, conclui que até essa idade, em crianças saudáveis, a dificuldade de pegar no sono se deve a fatores comportamentais. Portanto, a indicação seria regular o sono naturalmente. Para crianças entre 3 e 5 anos, pode haver indicação com variação na dosagem, mas um pediatra deve ser consultado.

Apesar de não ter se mostrado fatal, o uso excessivo da melatonina por crianças pode ter efeitos colaterais. Entre eles, segundo Ana Escobar, estão cansaço, náusea, tontura e irritabilidade. "O mais importante é a pessoa fazer uma higiene do sono e liberar sua melatonina naturalmente para garantir um descanso maior", afirma.

Higiene do sono
A melatonina é produzida naturalmente pelo corpo humano. Em adultos, ela costuma ser administrada em pessoas que tra-

balham em turnos noturnos ou para adaptação de fuso horário. Já em crianças e adolescentes, a indicação é que problemas no sono sejam corrigidos de forma orgânica e natural.

Ana Escobar atribui a dificuldade das crianças para dormir a dois fatores. O primeiro é a rotina dos pais, que podem chegar tarde em casa e realizar atividades com os filhos perto da hora ideal de dormir. "Alguns pais querem brincar com filhos quando chegam em casa e fazem brincadeiras que levam a muita atividade e aumentam a adrenalina. Demora até todo mundo relaxar e dormir", explica.

O segundo fator é o uso de eletrônicos. A luz azul, tipicamente emitida por *smartphones* e *laptops*, inibe a liberação de melatonina. Como muitos jovens usam o celular até o momento de dormir, a dificuldade de pegar no sono aparece com mais frequência.

Por isso, ao invés de prescrever melatonina, Ana, autora do livro *Meu filho tá online demais*, prefere indicar a higiene do sono. Delimitar bem os horários de jantar, lazer e estudo são algumas das recomendações. "Crianças e adolescentes precisam de rotina. A maioria dos que apresentam distúrbios do sono tem a rotina bastante precária. Isso vai se acumulando e leva a um estresse muito grande, que gera ansiedade, e essa ansiedade também deteriora a qualidade do sono. É um ciclo que precisamos romper", diz.

Pais neuróticos *versus* pais ausentes: existe pior ou melhor para o desenvolvimento do seu filho?

Em tempos de mundo polarizado, parece que a parentalidade enfrenta algo parecido quando o assunto é educação e criação de filhos. De um lado temos os pais superprotetores, neuróticos, que se preocupam com tudo e, por conta disso, resolvem tudo para os filhos. De coisas práticas do dia a dia, como atividades da escola — ou da faculdade —, a conflitos mais complexos, como um desentendimento com um amigo ou algo que desestabilize a felicidade deles, mesmo que só momentaneamente.

Em contrapartida, temos os pais ausentes: aqueles que delegam toda a educação dos filhos para a escola, a babá, o motorista, os avós... Enfim, quem estiver por perto e se "voluntariar". Não sabem de nada, não se interessam por nada, não brincam com as crianças, só frequentam locais que tenham monitores, pois assim não precisam nem lembrar que os filhos existem. E isso não acontece porque eles trabalham enlouquecidamente. Muitos estão dentro de casa e mesmo assim terceirizam todas as tarefas.

Essa falta de supervisão e orientação é um modo de criação nocivo, já que expõe crianças e adolescentes a diversos problemas relacionados à saúde mental — o que também acaba impactando a vida adulta. Os pais controladores também provocam prejuízo na vida dos filhos. A intervenção intensa e obsessiva resulta em jovens e adultos fragilizados ou despreparados para as demandas mais básicas.

Mas o que será que é melhor ou pior quando falamos de educação e formação de filhos? Será que existe um caminho do meio? Estudos dão pistas para que as relações entre pais e filhos sejam mais equilibradas e saudáveis.

O que dizem as pesquisas
Um estudo publicado na *Scientific Reports* revelou que filhos de pais superprotetores ou autoritários tendem a ter uma expectativa de vida reduzida. A pesquisa, realizada pela Universidade Federal de São Carlos (UFSCar) em colaboração com a Universidade College London, no Reino Unido, e o apoio da Fundação de Amparo à Pesquisa do Estado de São Paulo (Fapesp), investigou informações referentes a 941 óbitos (445 mulheres e 496 homens).

Antes de falecer, os voluntários responderam a um questionário sobre sua estrutura familiar, bem como sobre condições financeiras e de saúde. Os resultados mostraram que homens que tiveram genitores superprotetores na infância tinham 12% mais risco de morrer antes dos 80 anos. No caso das mulheres, a taxa de risco aumentou para 22%. Em contraste, mulheres que receberam um nível adequado de cuidado da mãe durante a infância e a adolescência tinham 14% menos risco de morte prematura em comparação com aquelas negligenciadas.

Como vimos, o *overparenting* impede que os filhos experimentem falhas e frustrações naturais da vida, o que inadvertidamente pode prejudicar o seu crescimento emocional e social. Por isso, existe uma necessidade urgente de equilibrar o cuidado e a liberdade para que as crianças tenham um desenvolvimento saudável.

Um estudo publicado pela revista norte-americana *Time* revela que o excesso de controle pode limitar a autonomia e a capacidade de resolução de problemas das crianças, tornando-as menos preparadas na vida adulta. Em contrapartida, a falta de supervisão e orientação pode deixá-las vulneráveis a problemas emocionais como depressão e ansiedade, entre outras.

No entanto, no artigo "Is neurotic parenting worse than bad parenting?" [A parentalidade neurótica é melhor que a parentalidade ausente?], publicado na revista *The Economist*, Mark O'Connell enfatiza as consequências desastrosas do estilo de parentalidade neurótica, na qual os pais, movidos pela ansiedade e pelo medo de falhar, tendem a superproteger e controlar excessivamente os filhos.

Na verdade, a ideia central é que o neuroticismo parental pode ser tão ou até mais prejudicial do que a má parentalidade, pois a constante preocupação e o controle podem impedir que as crianças desenvolvam resiliência, autonomia e habilidades para lidar com frustrações. Ainda segundo o artigo, a parentalidade "boa o bastante" é possível, tanto que o conceito introduzido pelo pediatra e psicanalista Donald Woods Winnicott é muito mais benéfico tanto para os pais como para os filhos.

O equilíbrio é urgente

Segundo a *Time*, a tendência de uma paternidade mais tranquila vem ganhando força nos últimos anos. A ideia é que as crianças, de modo geral, tenham um desenvolvimento saudável e autônomo para explorarem o mundo e aprenderem, por conta própria, a resolver suas questões.

No entanto, é fundamental reconhecer que, apesar de complexa, a parentalidade precisa ser adaptativa e sensível às necessidades individuais de cada criança. Embora seja natural que os pais se preocupem com o bem-estar dos filhos, é igualmente importante dar espaço para a exploração, o aprendizado independente e a autorreflexão, sempre com o suporte e a orientação parentais.

Encontrar o meio-termo entre proteção e liberdade é um desafio constante, mas essencial para o florescimento psicológico e integral das novas gerações.

Pais e mães, ocupem o espaço das telas com a sua presença

Somos uma sociedade de adultos viciados em telas e redes sociais tentando salvar crianças e adolescentes dos altíssimos índices de transtornos mentais. O Brasil é o segundo país com adultos que passam mais tempo em frente às telas, segundo a plataforma Electronics Hub. Pais, mães e responsáveis legais de crianças e adolescentes chegam a ficar 58% do tempo grudados numa tela, e a presença é maciça nas redes sociais. São, em média, nove horas por dia, contra quatro ou cinco que os filhos passam conectados. Horas todas em excesso, sem dúvida alguma.

A entrada precoce dessa geração num ambiente tão cheio de camadas e acessos como o da internet mostra que é preciso, cada vez mais, mostrar a ela a importância de ter senso crítico para discernir o que é falso e verdadeiro, o que faz mal, o que é divertido assistir e assim por diante.

É preciso educar crianças e adolescentes para o uso equilibrado e saudável das telas e das redes sociais. Porém, para que isso de fato aconteça, é preciso reeducar pais, mães e responsáveis legais. "Toda educação é autoeducação", já dizia Rudolf Steiner em 1920. E não adianta avançarmos nas restrições de aparelhos celulares dentro das escolas se não formos capazes de sair das telas quando nossos filhos estiverem em casa ou na nossa companhia. Cada vez mais, pais e mães, em vez de aproveitarem a companhia dos filhos, ficam abortos nas telas. Como viciados podem salvar alguém do vício?

Nas escolas, os desenhos das crianças que retratam seus finais de semana em família denunciam o tempo de qualidade trocado por espaço de tela. Sempre aparece um adulto com um celular nas mãos. No sofá de casa, no parque, no *shopping*. Em qualquer lugar.

As crianças expressam seu descontentamento em escritas e/ou desenhos cotidianos. São comuns reclamações de falta de atenção. "Meu pai me levou no caratê, mas toda vez que eu olhava para ele, ele estava olhando o celular. Depois da aula, falei pra ele que fiquei triste, mas ele disse que quando eu não estava olhando, ele me viu fazendo a aula. Eu sei que é mentira", relatou um garoto de 7 anos.

Uma menina, também de 7 anos, conta o seguinte episódio: a mãe, de celular na mão, tropeçou nela, que caiu no chão. Chateada, confessou: "Fiquei chateada. Eu queria que ela tivesse me pedido desculpas, mas ela nem percebeu". Tem mais: "Eu tava almoçando no meu aniversário e minha mãe me deu um diário de presente. Eu fiquei muito feliz, mas meu pai não viu, porque ele tava no celular". Temos uma geração de pais viciada em telas se debatendo na busca de mecanismos e recursos para que seus filhos passem menos tempo na frente das mesmas telas.

As crianças precisam brincar. Precisam de interações sociais presenciais para aprender a se relacionar, a se comunicar, a conviver com a diversidade, a negociar, a ter empatia consigo e com o outro, a entender e usar expressões faciais e linguagem corporal em resposta a sinais não verbais. Isso não se aprende pelas telas.

Os adolescentes precisam socializar. Encontrar seus pares e seus grupos para pertencer. É a partir dessas relações que ele será capaz de constituir sua identidade. De validar os pensamentos próprios, os gostos e desejos. Se relacionar, conviver, negociar. E isso também não se aprende pelas telas.

Como podemos ajudá-los? Implicando-nos na responsabilidade. Tomando para nós a parte que nos cabe. Existe uma parte dessa educação digital que não acontecerá dentro das escolas. Ela precisa ocorrer dentro de casa e em família.

Experimente se sentar à mesa sem o celular na mão. Experimente não digitar mensagens no WhatsApp enquanto acompanha seu filho na natação ou se senta com ele na padaria para tomar um lanche. Experimente escutar o que ele tem a dizer, as histórias que tem para contar. Experimente o silêncio entre vocês até que surja uma breve conversa.

Experimente aceitar o convite para uma brincadeira com seu filho. Há quanto tempo você não se senta no chão? Experimente ver uma série com seu adolescente. Ou convidá-lo para fazer um programa de que ele gosta.

É fundamental resgatar as relações familiares. Precisamos vivê-las com prazer, com amor e afeto. Falta afeto nas relações familiares. Falta olho no olho. Escuta. Cuidado. Nem as escolas nem as políticas públicas são capazes disso. Entregue-se às relações com seus filhos. Eu lhe garanto que elas valem muito a pena.

Parte III

A escola e a saúde mental dos adolescentes

Part III

O papel das escolas na promoção da saúde mental de adolescentes

Globalmente, mais de 16% dos adolescentes com idade entre 10 e 19 anos são diagnosticados com transtornos mentais, conforme indicam dados da OMS. Mas, se não quisermos perder essa geração para as estatísticas, é preciso ter um olhar atento e cotidiano para a promoção da saúde mental.

Nem tudo é papel da escola, mas muitos assuntos a atravessam — e, quando isso acontece, é preciso parar e olhar com carinho e atenção. O mês de setembro é marcado pelas infinitas campanhas do Setembro Amarelo, um movimento global de conscientização sobre a prevenção do suicídio.

Mas o que fazer? Ou o que foi feito? Como as escolas lidam com o aumento de alunos que sofrem de algum transtorno e como elas estão criando ambientes que promovam a saúde? As escolas não são responsáveis por tratar alunos com algum tipo de transtorno, claro, mas desempenham papel fundamental na identificação de alguns sinais que são sintomas e no apoio aos alunos em situação de vulnerabilidade.

E, se as escolas — e as famílias — quiserem garantir desempenho e engajamento dos alunos, elas precisam, necessariamente, cuidar do que os angustia. É cuidando da saúde mental que vamos ter a chance de baixar os índices de suicídio de adolescentes e jovens, entre outras estatísticas tão doloridas e violentas.

Nos últimos anos, a OMS relatou um aumento de 4,5% para 8% nos casos de depressão em crianças de 6 a 12 anos. No mundo, mais de 13% dos adolescentes com idade entre 10 e 19 anos têm diagnóstico de transtorno mental.

O assunto é tão sério que o relatório "Preventing suicide: a global imperative", elaborado pela OMS em 2014, já havia revelado que o suicídio é um grave problema de saúde pública, que preocupa as autoridades. Tanto que, na agenda global publicada em 2017 também pela instituição, uma das metas é reduzir um terço das mortes prematuras por doenças não transmissíveis, além de melhorar a saúde mental e o bem-estar das pessoas até 2030.

Diante dessa realidade, as escolas precisam exercer um papel cada vez mais importante na vida de seus alunos, compreendendo as questões que afetam sua saúde mental a fim de prevenir possíveis consequências relacionadas a transtornos, como a depressão e a ansiedade. Para os educadores, de modo geral, a escola é um dos locais ideais para que as mudanças de comportamento dos alunos sejam analisadas e tratadas. Indo além do Setembro Amarelo, algumas escolas desenvolvem iniciativas e programas focados em bem-estar e saúde mental durante todo o ano letivo.

Desde 2018, o Instituto Ame Sua Mente desenvolve projetos sociais pautados em pesquisas científicas com foco na promoção da saúde mental, redução do estigma, prevenção e manejo de transtornos, tendo o ambiente escolar como principal cenário de intervenções. Uma de suas iniciativas é o Ame Sua Mente na Escola, programa de letramento em saúde mental destinado a educadores e gestores escolares.

Hoje, o programa está inserido em mais de 1.500 escolas públicas do estado de São Paulo e capacita, diariamente, educadores e gestores para lidarem com uma gama de desafios — que vão da ansiedade a situações mais graves, como autolesão e suicídio. "Os educadores adquirem conhecimentos abrangentes sobre saúde mental, incluindo questões como depressão e ansiedade. Com essa formação, eles desenvolvem um vocabulário para abordar essas questões de maneira mais eficaz", explica o médico Rodrigo Bressan, presidente do instituto.

"À medida que aprofundamos as habilidades e capacidades, o ambiente escolar se torna mais acolhedor. Desenvolvemos também um guia de saúde mental que vai beneficiar toda a escola, mas principalmente para os gestores", relata Bressan. O médico destaca a importância do planejamento de ações na criação de direcionamentos. Isto é, cada educador cria um plano personalizado para sua escola, o que proporciona clareza em casos de emergência ou de *bullying*, tornando o enfrentamento dessas dificuldades mais eficiente.

Há também propostas de mediação, focada nas questões socioemocionais dos professores e com cuidados extensivos à saúde mental e existencial de crianças, jovens e colaboradores, respeitando as especificidades e as fases de desenvolvimento de cada faixa etária.

Quando a criança ou o adolescente se sente protegido e acolhido, fica mais fácil compartilhar suas dores e incômodos com os professores. Em algumas escolas, há ações contínuas e permanentes que vão além do Setembro Amarelo; o trabalho vai da formação da equipe pedagógica à elaboração das aulas com temas pontuais em algumas disciplinas, sobretudo com a participação dos alunos. Porém, essas ações não são comuns na comunidade escolar. Ao contrário, o desafio é constante.

A automutilação, por exemplo, é bastante praticada e serve de alerta máximo para pais e educadores, pois se trata de um indicador de transtornos psicológicos sérios que requerem intervenção profissional. Não se trata de uma maneira de chamar a atenção; ao contrário, está relacionada a questões mentais graves que precisam ser tratadas adequadamente e com especialistas.

Na escola, muitos professores exercem a função de mediadores, ou seja, têm a missão de ouvir os alunos e, junto com eles, procurar soluções, como conseguir vaga para terapia pelo SUS ou incluí-los em atividades que lhes deem a oportunidade de se expressar sem julgamentos morais.

A Secretaria da Educação do Estado de São Paulo (Seduc-SP) esclarece que o foco principal da pasta é realizar um trabalho preventivo. Ao longo dos anos, a Seduc-SP vem reestruturando suas abordagens em todas as unidades de ensino, para que as escolas possam trabalhar questões psicoemocionais em diferentes faixas etárias ao longo de todo o ano, indo além das ações previstas para o Setembro Amarelo.

O Programa de Melhoria da Convivência e Proteção Escolar (Conviva SP), por exemplo, capacita vice-diretores e professores orientadores de convivência regularmente, para que que possam identificar qualquer vulnerabilidade em sua unidade escolar. Segundo Luciléa Rocha, professora do Conviva SP, "a Seduc desenvolve vários materiais para ajudar na formação de professores em parceria com a Escola de Formação e Aperfeiçoamento dos Profissionais da Educação do Estado de São Paulo (Efape), bem como na área de saúde mental e assuntos relacionados às questões socioemocionais, adequados às diferentes faixas etárias dos alunos".

O Ministério da Saúde também oferece o repasse de recursos ministeriais para Equipes Multiprofissionais de Atenção Especializada em Saúde Mental, que atendem crianças e adolescentes com transtorno de ansiedade e depressão. Essas equipes já fazem parte das unidades de saúde existentes, como ambulatórios, policlínicas e hospitais.

O que mais as escolas podem fazer?
Para a Seduc-SP, o ideal é que as escolas sempre foquem suas atividades em autocuidado, autoconhecimento e controle das emoções. A ideia é que os educadores busquem alternativas que fomentem debates com tratativas mais leves, positivas e respei-

tosas, a fim de não despertar gatilhos nem revelar aos estudantes detalhes perturbadores.

Com o apoio dos professores e coordenadores, os alunos da Escola Estadual Tarcísio Álvares Lobo criaram várias iniciativas interessantes, como uma oficina de bijuterias, entre outras atividades manuais, como fazer bonecas de crochê com a técnica amigurumi.

No Centro Educacional Pioneiro, os estudantes participam de conversas não só entre eles, mas também com as famílias. Há palestras com informações atuais sobre saúde mental, além de atendimentos individualizados, intervenções e orientações para alunos em sofrimento existencial. Segundo a direção da escola, os professores, coordenadores, inspetores e gestores são bastante sensíveis e atentos. Eles percebem quando o jovem está triste, inquieto ou com algum comportamento que exija um olhar mais meticuloso.

Na Escola Estadual Tarcísio Álvares Lobo, cada sala de aula tem seu grupo de WhatsApp com a participação de professores, coordenadores, diretores e pais. Ali trocam mensagens de apoio e falam das ações que vão acontecer na escola. Segundo a coordenação da escola, os pais são bem participativos e estão sempre tentando ajudar.

A convivência com os pares também é outra alternativa para obter ajuda. Geralmente, os próprios alunos levam essa preocupação para os professores, fortalecendo a rede de apoio da sua escola.

Priorizando a saúde mental nas escolas: estratégias e desafios

A saúde mental dos alunos vem se tornando prioridade nas escolas. O objetivo é criar um ambiente educacional saudável e sustentável durante todo o ano letivo. Nesse sentido, iniciativas como palestras, *workshops*, rodas de conversa e materiais informativos podem ensinar a pais, alunos e professores a importância da qualidade da saúde mental, além de orientá-los a respeito de como identificar os sinais de alerta e obter os recursos disponíveis.

Além dessas medidas, é também papel dos gestores escolares garantir que a instituição compreenda que a educação vai além das habilidades cognitivas e do conteúdo programático. Na verdade, ela abrange, sobretudo, competências socioemocionais, como a empatia, a responsabilidade, o respeito ao próximo e a compreensão das diferenças.

A criação de espaços inclusivos e acolhedores nas escolas é cada vez mais necessária, assim como a contratação de profissionais especializados. Esses especialistas em saúde mental conseguem, por meio de suas experiências e vivências, identificar precocemente possíveis problemas e dissipar certos conflitos, oferecendo aos alunos apoio personalizado.

Desde 2019, a presença de profissionais de saúde mental nesses ambientes é uma exigência legal para as escolas públicas de educação básica. No entanto, dados do Censo Escolar de 2023 indicam que, em todo o Brasil, apenas 13,7% das escolas contam com psicólogos, num universo de 178,5 mil. Obviamente, a realidade é muito diferente quando falamos de escolas particulares, que podem ter até dez profissionais dessa área, enquanto boa parte das escolas públicas têm entre zero e um.

O que as escolas têm feito de maneira recorrente para seus alunos

É bom que se diga que o ambiente escolar, mesmo quando aparentemente tranquilo e inclusivo, pode também se apresentar hostil devido à pressão por notas mais altas, casos de *bullying*, racismo, problemas familiares e questões relacionadas à autoaceitação.

Assim, é responsabilidade da escola, conforme estabelecido em seu projeto político pedagógico, contribuir para a formação de cidadãos capazes de enfrentar esses desafios. Assim, a escola precisa criar um espaço seguro para discutir esses temas a fim de desmistificá-los em vez de torná-los um tabu.

Luciana Fevorini, diretora do Colégio Equipe, em São Paulo, concorda que a escola precisa, basicamente, ser um ambiente agradável, familiar, onde os alunos tenham amigos e se sintam acolhidos: "Aqui no Equipe nós temos iniciativas que acontecem o ano todo, cujas partes se ajustam conforme as necessidades a cada ano letivo. Fazemos rodas de conversa, temos espaços de aconselhamento, grêmios e fóruns, entre outras atividades que fazem parte da cultura de orientação educacional da nossa escola.

Com três projetos sociais no ensino médio, Fevorini alega que no Equipe há, desde sempre, uma preocupação quanto ao bem-estar desses alunos e à forma de eles pensarem suas relações sociais e interpessoais. "Temos um projeto de mediação de leitura feito na região da avenida Nove de Julho, onde nossos alunos fazem leitura de histórias para crianças do Movimento dos Trabalhadores Sem-Teto. Temos também uma iniciativa para refugiados, em que nossos alunos brincam com as crianças, conversam, criam rodas de conversa, leitura e música", relata.

A educadora destaca a importância da parceria entre alunos e professores. "Os alunos querem se sentir parte do todo, e ter esse sentimento favorece o bem-estar deles. Aqui eles sugerem atividades com os professores, como jogos. Quando se percebem no coletivo, e que a escola é por eles, ficam menos agressivos," lembra a diretora.

Já o professor de Sociologia e Projeto de Vida Paulo Edison de Oliveira, da Escola Gracinha, fala a respeito de um conjunto de ações que também ocorrem de maneira permanente, inseridas no percurso de Orientação Profissional e Projeto de Vida. Ele explica que o projeto de vida é baseado em um tripé: "autoconhecimento", "encontro com o outro" e "eu e o futuro".

No eixo "autoconhecimento", os alunos têm atividades referentes a valores, família, emoções e sentimentos, assim como relacionamentos. "Nessa atividade, falamos da construção da imagem, quem é ele, o que pretende", conta. Segundo o professor, nesse primeiro momento, os alunos desenvolvem seu projeto de vida.

Já no eixo "encontro com o outro", o objetivo é que os alunos possam "refletir sobre seus objetivos, estar em sintonia com o outro, ter sonhos coletivos, até porque temos as questões das diversidades, gênero, e precisamos exercitar a inclusão diariamente para evitar que alguém se sinta excluído". Além disso, nessa etapa os alunos fazem uma feira de profissões, na qual trazem, de maneira dinâmica e interativa, informações sobre as possibilidades do universo acadêmico e profissional. "Temos estandes de universidades, painéis de empresas e estudantes curiosos a respeito de seus cursos, programas e oportunidades de emprego", resume.

Já em relação ao tema "eu e o futuro", as atividades são uma espécie de preparação para a formação e a carreira profissional do estudante. "Essa é a parte em que o aluno vai escrever uma autobiografia", diz.

A inclusão de técnicas de gestão de estresse e habilidades de enfrentamento na grade curricular também é uma prática inovadora em algumas instituições. O desenvolvimento da resiliência não apenas complementa a formação acadêmica como capacita os alunos, que com essas ferramentas conseguem enfrentar as pressões da vida.

Há quase seis anos, a Escola Estadual Professora Dulce Leite da Silva adotou a prática da meditação *mindfulness*, que é guiada por sua diretora escolar, Cláudia Vasconcelos. "Tudo começou porque em 2018 eu estava à beira de um colapso de estresse. Na época, eu era coordenadora desta escola de ensino integral (do primeiro ao quinto ano), onde nós ficamos nove horas com as crianças. E já havia muitos conflitos recorrentes na escola", lembra a educadora.

Cláudia, que se tornou especialista na prática, explica que a meditação *mindfulness* trabalha a respiração consciente, o corpo e os sons, além de pregar a consciência em relação a pensamentos, sentimentos e sensações que todos temos. "Com ela, é possível entender esses momentos de estresse, ouvindo a nossa respiração, observando nosso estado de espírito e ouvindo os sons externos e internos", afirma.

A diretora conta que fez questão de ensinar a prática a toda a comunidade escolar. Empolgada com os benefícios, ela descobriu o programa MindKids, que capacita escolas e educadores, e levou a meditação *mindfulness* para dentro da sala de aula: "Fiz todos os *workshops*, sendo o primeiro para adultos e, depois, me certifiquei, começando ali um trabalho com todos os alunos — hoje são 443 —, além de pais e professores".

Ela lembra que no começo não foi fácil e houve certa resistência, porque é preciso disciplina e entendimento de que não se trata de algo tão simples de se fazer, mas ao se tornar um hábito traz inúmeros benefícios para saúde física e mental, sobretudo ao longo dos anos.

"Eu expliquei que a meditação *mindfulness* não tinha que ver com religião; na verdade, se tratava de um estilo de vida. Mas deixei bem claro que não era obrigatório. Nós temos essa ferramenta na escola e os estudantes são convidados a praticar, mas nada é obrigatório", pontua Cláudia, que pede aos não participantes que não atrapalhem aqueles que aderiram à iniciativa.

É interessante destacar que o Instituto Ame Sua Mente também oferece ferramentas, como jogos emocionais para crianças e o "Bússola", um *chatbot* no WhatsApp que auxilia professores a lidar com questões sensíveis, como autolesão e suicídio. "Todo mundo que quiser pode usar. Esse *chatbot* está disponível para o Brasil inteiro, e serve para auxiliar com dicas algum professor que esteja muito alarmado com a situação que está vivendo ali ou para esclarecer dúvidas", conta seu presidente, Rodrigo Bressan.

No contexto das campanhas nacionais de redução do preconceito contra os transtornos mentais e no acolhimento àqueles que os enfrentam, Rodrigo ressalta que a pandemia representou um grande desafio para os alunos, observando que houve a perda de uma janela crucial no desenvolvimento dessas crianças, especialmente no aspecto socioemocional. Agora elas estão aprendendo a lidar com os conflitos e a conhecer seus próprios limites. "Na medida em que ficaram mais de dois anos sem treinar essas habilidades emocionais que são a própria civilidade, isso resultou no aumento da agressividade e da intolerância por parte deles", resume.

Para ele, é importante que os jovens reaprendam a se envolver em atividades acadêmicas, assim como a lidar com a raiva e os conflitos, respeitando as autoridades para assim compreenderem os próprios limites.

Colhendo resultados

Para os professores, o impacto positivo de simples iniciativas dentro escola é o melhor presente, além de constatarem a transformação de vida e a gratidão dos estudantes e seus pais. "Os alunos ficam gratos por terem esses espaços e oportunidades que constroem as relações horizontais", diz Luciana Fevorini, do Equipe.

Já Paulo Edison de Oliveira, da Escola Gracinha, afirma ter infinitos depoimentos, tanto por parte dos pais quanto dos alunos, satisfeitos com os pilares do Projeto de Vida: "É importante conversar com eles. É importante enxergá-los. Tem pais que chegam pra gente e dizem que o filho mudou, que se sente bem e está feliz com os resultados".

Para Claudia, da Escola Estadual Professora Dulce Leite da Silva, não tem coisa mais gratificante que ouvir os alunos, crianças de 6 a 11 anos, relatarem suas experiências diárias com a prática. "Uma vez, uma aluna de apenas 6 anos me chamou para contar que havia escutado seu coraçãozinho durante a meditação", relembra emocionada. "Tivemos também o caso de um aluno com autismo grave que, durante as práticas, ficava rodando, rodando sem parar. Hoje, ele se senta no pátio da escola com os demais colegas para fazer a meditação", comemora a idealizadora do projeto, enfatizando que todo o trabalho é feito em equipe. "Sem a ajuda de professores, pais e demais colaboradores, eu não conseguiria realizar nada", reconhece.

Celular zero cresce nas escolas: será que proibir é o melhor caminho?

Ao perceber que alunos do ensino médio realizavam até nove intervalos por dia para gravar vídeos do TikTok no banheiro, uma escola da Carolina do Norte, nos Estados Unidos, apensou em uma solução não muito óbvia: em janeiro de 2024, retirou os espelhos desses ambientes. Os coordenadores já haviam notado que, em seus longos intervalos, os alunos usavam os espelhos para criar postagens para a plataforma.

Segundo informações da WFMY, emissora de TV filiada à CBS, a escola teve uma redução drástica no número de idas ao banheiro depois disso. Mas por que retirar os espelhos e não os aparelhos, se eram eles o problema? Porque além de os pais, por motivos de segurança, preferirem que os filhos ficassem com o celular, a própria escola se vale dos aparelhos para promover o que chama de "cidadania digital". Portanto, a solução foi combater as distrações causadas pelas redes sociais.

Mas por que tem crescido o movimento de escolas que resolvem proibir celulares? Em julho de 2023, a Organização das Nações Unidas para a Educação, a Ciência e a Cultura (Unesco), divulgou um relatório no qual alertava sobre o uso excessivo de telas por crianças e adolescentes, citando exemplos de países onde o uso é proibido. "Dados de avaliações internacionais em larga escala sugerem uma correlação negativa entre o uso excessivo das tecnologias de informação e comunicação e o desempenho acadêmico. Descobriu-se que a simples proximidade de um aparelho celular era capaz de distrair os estudantes e provocar um impacto negativo na aprendizagem em 14 países", destacou a instituição.

(Vale a pena assistir ao vídeo do etnólogo Simon Sinek que viralizou ao abordar nossa reação subconsciente ao observar alguém falando enquanto essa pessoa tem em mãos um aparelho celular.[7])

A Unesco alerta para diversos riscos, entre eles o excesso de distração e a falta de interação humana, além da invasão de privacidade e da disseminação do ódio. E esses são alguns dos impactos negativos que as escolas brasileiras vêm enfrentando e têm impulsionado o movimento "celular zero".

Com o uso quase compulsivo por parte dos alunos, professores e coordenadores Brasil afora têm quebrado a cabeça para tentar resolver o problema. Não é fácil decidir pela proibição — medida que pode parecer radical, sobretudo quando falamos de adolescentes que cursam o ensino médio. O diálogo, os debates e acertos costumam ser um aspecto importante na construção de vínculo entre alunos e educadores, e medidas como essa precisam ser muito bem construídas e debatidas nas instituições.

Segundo a especialista em tecnologia da educação Mariana Orchs, existe um paradoxo entre a necessidade de promover a autonomia tecnológica das crianças e a proibição do uso de celulares. Embora o uso excessivo de telas seja um problema sério, proibir seu uso nas escolas impede oportunidades de aprendizado exploratório e crítico sobre tecnologia mediado por educadores. Esse ambiente permite desvendar o funcionamento e o impacto social das tecnologias, incentivando a criação de alternativas.

"O objetivo da educação deve evoluir para preparar os jovens para um mundo com informações e tecnologias em rápida mudança, não apenas para o mercado de trabalho. Isso inclui

---

7. Disponível em: https://www.youtube.com/watch?v=DikqjuB11hk. Acesso em: 11 nov. 2024.

entender como a mídia, o TikTok por exemplo, afeta nossas interações sociais e familiares, enfatizando a importância de envolver as famílias nesse diálogo", afirma.

Combater o vício em telas é uma iniciativa importante para promover um desenvolvimento saudável, ao mesmo tempo que questionamos e propomos soluções criativas para o *design* tecnológico. "Remover aplicativos dos dispositivos trata apenas os sintomas, não a causa. Devemos ensinar os jovens a navegar nesses espaços de forma saudável e autônoma, preparando-os para uma convivência crítica com a tecnologia, mesmo na ausência de pais ou educadores", finaliza Mariana.

É essa a conduta da Vera Cruz. Em comunicado às famílias, a escola reconhece o crescente movimento celular zero nas escolas, mas reforça a importância de promover "diversas situações voltadas à reflexão sobre as potencialidades e os riscos envolvidos no uso dessas tecnologias, em particular para crianças e adolescentes".

Entre 2022 e 2023, a instituição promoveu cinco palestras com especialista e elaborou um material sobre o tema "cidadania digital", que está disponível para toda a comunidade escolar. "A Escola Vera Cruz tem se empenhado para transformar as questões da vida digital de seus alunos em um assunto cada vez mais presente em todos os círculos familiares de nossa comunidade. Entendemos que as questões da vida digital devem ser objeto de constante diálogo, e de formação e orientação. Trabalhar para que os alunos tomem consciência das questões que nos atravessam; aprendam a fazer escolhas; ganhem condições de desenvolver autorregulação nas mais variadas frentes de nossa existência; e sejam cada vez mais capazes de assumir a responsabilidade sobre a própria vida são parte estruturante do projeto pedagógico da escola", assina a equipe pedagógica.

Acesso limitado
Ao analisar outros casos, é possível perceber diferenças na forma como as escolas estão lidando com o uso do celular pelos alunos. No estado de São Paulo, por exemplo, desde fevereiro de 2023, o governo restringe o acesso a aplicativos e plataformas digitais sem fins educativos na sala de aula por meio da conexão à internet. A partir de 2024, a proibição se estendeu também para ambientes administrativos das escolas.

TikTok, Instagram e plataformas de *streaming* estão entre os aplicativos proibidos. A medida foi tomada em um contexto em que mais de 45% dos estudantes brasileiros relataram se distrair por causa de dispositivos digitais em todas ou quase todas as aulas de Matemática, segundo dados do Programa Internacional de Avaliação de Alunos (Pisa).

Vanessa da Silva, professora e coordenadora da Escola Estadual Francisco Balduino de Souza, diz que as orientações sobre o uso do celular partem da Secretaria de Educação do estado. Ela relata que é difícil impedir que os alunos tragam o celular, mas que a escola pode impedir o uso dentro de sala de aula. "Conforme os alunos foram usando mais o celular, tivemos uma queda imensa na concentração. Mesmo que eles nos ouçam e guardem o celular, a gente percebe que os transtornos relacionados à falta de concentração só aumentam", aponta Vanessa. Ela cita outros problemas, como ansiedade e *bullying* virtual.

Sendo a escola um ambiente de formação, há outros fatores que apontam para uma incompatibilidade entre o aprendizado e o uso de aparelhos eletrônicos. "Os estudantes não conseguem compreender muito bem a necessidade de observar o cumprimento de protocolos sociais que envolvem respeito e empatia no mundo virtual", diz Vandré Teotônio, coordenador do fundamental II e do ensino médio.

Nesse sentido, a discussão se dá em nível internacional. A Holanda anunciou a proibição de celulares, *tablets* e relógios inteligentes nas salas de aula. Na Inglaterra, o secretário de educação baniu totalmente o uso de aparelhos em qualquer faixa etária.

Proibir é o caminho?
No colégio Oswald de Andrade, também em São Paulo, o caminho adotado foi esse. Desde o início de 2024, o celular só pode ficar na escola se estiver guardado na mochila ou no armário. Na sala de aula, a proibição é estrita, em uma "regra quase autoritária", como definiu a coordenação. "O trabalho proposto pela sala de aula é essencialmente analógico, são o pensamento e o corpo que estão ali. Os estímulos que vêm de fora instauram um tempo de atenção que atrapalha a aprendizagem e retira as pessoas da cena", diz Laura Nassar, coordenadora do ensino fundamental II e do ensino médio.

No entanto, há espaço para conciliação. Os educadores reconhecem que o uso de dispositivos eletrônicos e de redes sociais é massificado fora do ambiente escolar — sobretudo após a pandemia de covid-19. Por isso, o caminho encontrado é instruir os alunos para o uso saudável dos recursos que a tecnologia oferece.

No Oswald, por exemplo, o celular só é aceito para fins pedagógicos. Além de refletir sobre os impactos do uso da internet na sociedade, a escola também se apoia nas ferramentas práticas trazidas pela tecnologia. É o caso de enquetes, programas de edição de vídeo, bases de dados e leituras *online*. "Muito do que é feito na escola hoje pode passar pelo digital, cabe a nós decidir o que vai para o digital e o que fica mais no analógico", explica Laura.

Apesar de autorizar o celular somente em momentos de intervalo e descanso, o colégio paulistano Giordano Bruno também encontrou espaço para tratar da tecnologia de forma propositiva: "Em relação aos estudantes, notamos que a abordagem da educação digital tem surtido muito mais efeito se comparado à proibição", diz Vandré Teotônio.

Entre aqueles que trabalham diretamente na área, foi consenso que as decisões dependeram de muita observação e discussão. De forma geral, tanto a família quanto os próprios alunos entenderam a importância das restrições.

Para Daniel Helene, coordenador do fundamental II da escola Vera Cruz, o uso do celular aumentou com o passar do tempo. Isso impactou a forma que os pais perceberam o tema: "Ao longo do tempo, parece que aumentou a consciência social sobre os riscos e dramas reais envolvidos com os celulares na vida mais ampla; essa tomada de consciência também é das famílias", diz, lembrando que a escola e a família devem trabalhar esse tema com os mais jovens. "É importante que a escola desenvolva um currículo de tecnologia consciente, que garanta aprendizagens fundamentais. Nem todas elas dependem de o aluno ter celular, mas a escola também precisa se organizar", conclui Daniel.

Fato é que chegamos num ponto em que perdemos o controle — se é que um dia tivemos — e a proibição, apesar de impositiva, parece ser uma solução importante neste momento em que o uso precisa ser contido e as relações sociais precisam ser retomadas. Como fazer isso se a todo momento temos um celular na mão ou em cima da mesa? Como reaprender a olhar nos olhos do outro e escutá-lo, ter uma conversa?

Vale lembrar que, no fim de 2024, as Comissões de Educação e de Constituição e Justiça da Câmara dos Deputados aprovaram um projeto de lei que proíbe o uso de telefone celular e de outros aparelhos eletrônicos portáteis por alunos da educação básica em escolas públicas e particulares, inclusive no recreio e nos intervalos entre as aulas. Para virar lei, a proibição precisa ser aprovada pelos senadores.

Talvez, neste primeiro momento, a proibição seja uma forma importante de contenção. Algo como "para tudo e vamos começar de novo". Em meio a um cenário em que todos — todos — estamos aprendendo a lidar com o vício e tentando nos livrar dele, pode ser um caminho. Veremos.

O *bullying* se torna a principal causa de sofrimento emocional na adolescência

Nos tempos atuais, fatores externos têm adentrado ainda mais os portões das escolas. Os conflitos cresceram e existe uma violência que parece não dar trégua a ninguém — falo do "famoso" *bullying*, que, inclusive, já foi gatilho para o suicídio de vários adolescentes. A escola, como espaço de socialização e aprendizagem, tem sido o palco de muitas dessas tragédias. Mas por quê?

Qual é a relação entre tensões sociais, *bullying* e suicídio de jovens em fase escolar? Por que o *bullying* se tornou a principal causa de sofrimento emocional entre os adolescentes? É importante ressaltar que culpar exclusivamente as instituições de ensino pelos casos de suicídio seria simplificar o problema. As tensões sociais, a violência escolar e a falta de suporte emocional são elementos intrínsecos que acabam colaborando para criar um ambiente insustentável para muitos jovens e adolescentes.

Dados do 17º *Anuário Brasileiro de Segurança Pública* publicado pelo Fórum Brasileiro de Segurança Pública em 2023 apontam que o número de suicídios no Brasil aumentou 11,8% em 2022 em relação a 2021. No total, foram registrados 16.262 casos, uma média de 44 suicídios por dia.

No entanto, no período de 2010 a 2019 as mortes por suicídio entre adolescentes de 15 a 19 anos passaram de 606 para 1.022 por 100 mil habitantes, segundo o Ministério da Saúde. Os mais vulneráveis são meninos negros. Entre 2011 e 2022, as notificações de suicídio cresceram 6%, conforme estudo publicado na *The Lancet Regional Health Americas*, desenvolvido pelo Centro de Integração de Dados e Conhecimentos para Saúde da Fiocruz Bahia em colaboração com pesquisadores de Harvard.

Embora diversos fatores estejam em jogo, a escola se tornou um cenário crítico onde essas tensões encontram eco. Infelizmente, é nesse ambiente que o *bullying*, tanto presencial quanto virtual, pode exercer uma pressão — por vezes devastadora — sobre os jovens. Além disso, o isolamento e a alienação social que muitos adolescentes experimentam nas escolas agravam ainda mais o problema.

Claudia Viegas Tricate Malta, diretora pedagógica do Colégio Magno, descreve a escola como um espaço onde os conflitos precisam ser mediados com cuidado e sensibilidade. "Quando trabalhamos com pessoas, as medidas, estratégias e atitudes não seguem um padrão. As crianças são diferentes, as famílias são diferentes e as situações também. Todo e qualquer conflito deve ser mediado de acordo com o contexto", diz. Isso significa que as escolas precisam adotar abordagens flexíveis para atender as necessidades individuais dos alunos.

O *bullying*, em suas diversas formas, é uma das principais causas de sofrimento emocional entre adolescentes. Segundo a OMS, jovens que enfrentam *bullying* contínuo têm quatro vezes mais chance de desenvolver pensamentos suicidas. Com o avanço das redes sociais, o *cyberbullying* intensifica esse sofrimento, ampliando o alcance das agressões para além dos muros da escola.

Cláudia ressalta que vivemos em um momento de confusão sobre o que caracteriza o *bullying* e o *cyberbullying*. "Nada pode ser banalizado nem caracterizado de forma irresponsável. Enfrentamos uma crise causada pelo excesso de informação", alerta Cláudia. Para ela, essa ambiguidade prejudica a ação eficaz por parte das instituições, muitas vezes dificultando a identificação de situações críticas.

Medidas preventivas nas escolas

Para enfrentar o *bullying* e outros tipos de violência, escolas como o Colégio Magno adotam uma combinação de ações individuais e coletivas. Cláudia afirma que medidas agudas devem ser entremeadas por muita reflexão e diálogo, caso contrário os mesmos fatos voltarão a acontecer. "O objetivo é tratar os sintomas atacando as causas, isto é, criando um ambiente, onde os alunos possam desenvolver empatia e respeito pelos colegas".

Para que essas ações sejam realmente eficazes, é essencial criar espaços de escuta nos quais os alunos possam expressar seus sentimentos sem temor de represálias. Além disso, é fundamental envolver profissionais de saúde mental capacitados para identificar e intervir precocemente em situações de risco.

O efeito de contágio e a importância da posvenção ao suicídio

Um dos aspectos mais preocupantes do suicídio em ambientes escolares é o chamado "efeito de contágio". Quando um jovem tira a própria vida, outros adolescentes da mesma comunidade escolar podem ser impactados a ponto de cogitar o mesmo ato. "Para evitar esse ciclo trágico, é fundamental implantar a posvenção, ou seja, ações de suporte e assistência para os alunos afetados pelo suicídio de um colega. Se a escola falha em lidar adequadamente com esse impacto, novos casos podem ocorrer", destaca a diretora.

Em síntese, o suicídio de adolescentes não pode ser atribuído exclusivamente ao ambiente escolar. A escola é um reflexo de tensões sociais e familiares mais amplas que, quando não tratadas, se manifestam de maneira trágica. No entanto, o papel da instituição é fundamental na prevenção, oferecendo suporte emocional, criando políticas eficazes de combate ao *bullying* e estabelecendo espaços de diálogo para que os alunos se sintam acolhidos e ouvidos.

Cláudia reforça a importância de uma abordagem contextualizada para cada conflito. "Todo e qualquer conflito deve ser mediado de acordo com o contexto. O esforço coletivo, envolvendo a família, a comunidade e a escola, é essencial para transformar o ambiente escolar em um espaço de acolhimento e segurança emocional para todos os alunos", resume.

Parte IV

O perigo das telas e das redes sociais

Redes sociais: há algo de bom nelas?

Já é mais do que sabido que o uso indiscriminado e irrestrito das redes sociais é danoso à saúde mental de crianças e adolescentes. Mas é fato que elas fazem parte da sociedade e não têm data para expirar. Será que há algo de bom nelas?

Lidar com o tempo e o uso das redes sociais têm sido um desafio. Não só para crianças e adolescentes, mas para os próprios pais. Violência, ansiedade, depressão, baixa autoestima e *bullying* são alguns dos temas que mais aparecem quando relacionamos redes sociais e saúde mental. Pesquisas recentes apontam os estragos que Instagram e TikTok têm feito na vida de muitos adolescentes. Mas o que fazer?

A proporção alcançada é tamanha que políticos e especialistas já se mobilizam em torno de estratégias para usar melhor essas ferramentas diante das ameaças que elas podem representar. Globalmente, quase 5 bilhões de pessoas têm conta nas diversas plataformas e passam, em média, duas horas e meia do dia rolando a tela para cima.

Para crianças e adolescentes, o cuidado deve ser redobrado, o que não quer dizer que as plataformas digitais não possam apresentar boas oportunidades de aprendizado e de entretenimento.

O TikTok, por exemplo, foi o aplicativo mais baixado em 2022, com 672 milhões de *downloads* pelo mundo, segundo a revista *Forbes*. Para se ter uma ideia, o aplicativo divulgou que, em 2021, 1 bilhão de usuários visitaram a plataforma todos os meses. Com tanta gente acessando e tanto conteúdo circulando, é difícil saber se as publicações de fato são recomendáveis para crianças e adolescentes.

Um estudo do Centro de Combate ao Ódio Digital (CCDH, na sigla em inglês), feito com jovens de 13 anos interessados em conteúdos de imagem corporal e saúde mental, mostrou que o algoritmo do TikTok recomenda conteúdos de suicídio em 2,6 minutos. Pois é. No Brasil, a taxa de suicídio entre jovens cresceu 6% ao ano entre 2011 e 2022. Já as taxas de notificações por autolesões na faixa etária de 10 a 24 anos aumentaram 29% a cada ano nesse mesmo período. O número foi maior que na população em geral, cuja taxa de suicídio cresceu em média 3,7% ao ano e a de autolesão, 21%.

Diante desses dados, o que fazer? Proibir não é a solução, e achar que as redes vão deixar de existir é ilusão. A WGSN, empresa líder em tendências de comportamento e consumo, acredita que o TikTok deixou de ser um espaço de coreografias para se tornar um *hub*[8] de aprendizado e entretenimento. É uma ferramenta fértil para os criadores de conteúdo. Há muitos perfis para se aprender temas variados, que vão de cozinhar a falar outro idioma. A própria plataforma do TikTok já disponibiliza uma seção "Aprender", com conteúdo mais educativo. Assim, o caráter autodidata da geração atual é reforçado. Com isso, o TikTok se tornou, com o Instagram, a ferramenta de pesquisa favorita de 40% da geração Z em 2021.

Além do acesso ao conhecimento, as redes também ampliaram as interações sociais. Conhecer novas pessoas com interesses em comum, por exemplo, faz que as redes promovam aspectos de socialização e comunicação. Isso acontece com mais intensidade durante a adolescência, já que essa é uma fase em que o indivíduo procura grupos de pertencimento.

---

8. *Hubs* são espaços — físicos e/ou virtuais — nos quais empresas e *startups* podem trabalhar e ter acesso a seus contatos.

Sinais de alerta

Mas nem tudo são flores. A adolescência é o momento de construção de identidade, e quando o adolescente se vê dependente das redes esse processo fica comprometido. A "vida real", com suas interações e conflitos, perde o foco — muitas vezes, o prumo.

O uso das redes sociais ainda apresenta outros perigos, como falsas informações e discursos de ódio. É por isso que diversos países estão se movimentando para regular o ambiente virtual. No Brasil, estava em discussão o Projeto de Lei n. 2630, de 2020, que instituiria a Lei Brasileira de Liberdade, Responsabilidade e Transparência na Internet. Porém, em 2024, o presidente da Câmara dos Deputados, Arthur Lira, anunciou a criação de um grupo de trabalho para propor uma nova versão do chamado PL das *Fake News*, afirmando que o projeto original estava "fadado a ir a lugar nenhum".

Para crianças e adolescentes, esse tipo de esforço ganha outra dimensão. Isso porque os mais jovens são mais vulneráveis aos efeitos negativos das redes sociais, segundo um estudo da Universidade de Cambridge, da Universidade de Oxford e do Instituto Donders para Cérebro, Cognição e Comportamento publicado na revista *Nature Communications*.

No estado americano de Utah, uma lei determinou que os menores de 18 anos só podem usar as redes sociais com autorização dos pais. A legislação de países europeus também busca impedir que crianças e adolescentes acessem serviços que geram riscos a eles. Pesquisa publicada pela Common Sense Media, uma organização sem fins lucrativos, dizia que, em média, crianças de 8 a 12 anos passavam cinco horas diárias no mundo digital. Entre os adolescentes de 13 a 18 anos, esse tempo chegava a oito horas. Oito das doze horas que passamos acordados. Uma verdadeira loucura.

O equilíbrio como caminho

Pais mais conscientes das oportunidades e dos perigos das redes sociais, junto com plataformas mais responsáveis pelo conteúdo que por lá circula, são bons caminhos para garantir uma relação mais saudável entre os jovens e essas plataformas. O Instagram, por exemplo, dispara um aviso quando o usuário está prestes a comentar algo ofensivo ou maldoso, o que força as pessoas a repensarem comportamentos agressivos no ambiente digital.

O equilíbrio é imprescindível. O fácil acesso e a democratização oferecidos pelas redes sociais devem ser utilizados em nosso favor, para aprendermos algo novo, por exemplo. Mas, ao mesmo tempo, devemos criar limitações no aplicativo para controlar o tempo de uso e viver o mundo real. Lembrando que é fundamental que as plataformas digitais promovam sempre a transparência no uso dos dados de seus usuários.

Adolescentes usam as redes sociais para autodiagnosticar transtornos mentais

Transtorno de déficit de atenção e hiperatividade (TDAH), transtorno obsessivo-compulsivo (TOC), depressão, ansiedade etc. Esses são alguns dos transtornos mais buscados por adolescentes no Instagram e no TikTok. Quem nunca leu um artigo ou assistiu a um vídeo de especialistas descrevendo sintomas de transtorno mental e imediatamente se identificou com alguns deles? Isso é muito comum, mas nem toda manifestação tumultuada de uma emoção é sinal de um problema com a saúde mental.

Talvez você tenha dúvidas. Os adolescentes certamente as têm, e por três razões muito "simples". A primeira: desde a pandemia, o termo "saúde mental" não sai da pauta, mas pouco se sabe sobre ele. A segunda: estudos e pesquisas têm mostrado um crescimento dos transtornos nessa faixa etária. A terceira: é nessa fase que se vive um turbilhão de emoções, mas como o adolescente ainda não desenvolveu um repertório para lidar com elas, fica confuso.

Segundo pesquisa realizada pelo TIC Kids Online Brasil, do Centro Regional de Estudos para o Desenvolvimento da Sociedade da Informação (Cetics.br), cerca de 58% dos usuários entre 9 e 17 anos já estavam na plataforma em 2022. Em maio daquele mesmo ano, um levantamento publicado na *JMIR Publications Advancing Digital Health & Open Science* analisou 100 vídeos no TikTok com a *hashtag* #mentalhealth. Foram mais de um bilhão de visualizações, indicando que os adolescentes recorrem a essa rede social como fonte de apoio.

No Instagram, não é muito diferente. Por meio dos *reels* (recurso de vídeos curtos), assuntos complexos também costumam ser tratados de maneira bastante superficial. E esse "fascínio" pelo autodiagnóstico não para por aí. Vários testes psicológicos sobre saúde mental nas redes sociais continuaram a viralizar no ano de 2023. Um dos mais populares mede os níveis de ansiedade e estresse por meio de um questionário: trata-se do Teste DASS 21 de Escala de Depressão, Ansiedade e Estresse, criado em 1995 por psicólogos da Universidade de Nova Gales do Sul para ser aplicado clinicamente. Porém, esse tipo de teste provoca a banalização dos transtornos mentais, pois não é validado por especialistas em saúde mental, como psiquiatras e psicólogos. Assim, as experiências de quem sofre com algum transtorno são vistas como características que todos temos, inviabilizando o as dificuldades e o sofrimento que isso pode trazer.

Outro artigo publicado no jornal *The New York Times* comentou que vários profissionais da saúde observaram o autodiagnóstico entre adolescentes e jovens após estes aprenderem mais sobre o tema na internet. O texto apontou que adolescentes passavam horas no TikTok pesquisando conteúdo sobre ansiedade, insônia, dores de cabeça etc.

Alguns vídeos da plataforma falam inclusive sobre o transtorno de despersonalização, um tipo de condição dissociativa que pode fazer as pessoas se sentirem desconectadas, como se estivessem fora do corpo. O ex-diretor científico da Associação Americana de Psicologia Mitch Prinstein destaca que ter um diagnóstico errado na internet é absurdamente fácil. Para ele, o que deixa tudo mais complicado é que a pessoa pode ter sintomas parecidos com os da depressão de um adulto, mas em uma criança ou em um adolescente isso pode significar algo bem diferente.

O oposto também existe. É o caso de uma adolescente que passou a ficar mais atenta a alguns comportamentos depois que começou a fazer terapia, mas alguns colegas da sala de aula que tinham transtornos a deixaram confusa. Na época, ela tinha 16 anos e achava que tinha TDAH devido à dificuldade de concentração, embora não fosse uma pessoa agitada. Então, a menina buscou informação no TikTok, já que, segundo ela, havia muita gente com transtornos mentais fazendo vídeos e contando como era o dia a dia. A adolescente se reconheceu em vários sintomas e procurou a mãe para conversar. Queria consultar um médico especialista para fazer um diagnóstico mais preciso. Caso parecido é o de um menino de 13 anos que se autodiagnosticou autista. A mãe contou que o filho conversou com ela depois de ter assistido vídeos nas redes sociais e considerou que, por seu comportamento, tinha todas as características do transtorno. Para ter certeza, a mãe do adolescente achou por bem investigar.

Nesse contexto de amplo acesso às informações, você já deve ter deparado com alguém dizendo coisas do tipo: "Acho que tenho TOC, sou tão organizado!" Ou talvez tenha visto alguém atribuir suas mudanças de humor à "bipolaridade", ou explicar sua dificuldade de concentração com o TDAH. Todos esses exemplos representam uma forma de materialização das psicopatologias, pois consideram que experiências comuns, que todos enfrentamos, são indicativas de transtornos. Essa tendência é muito comum na internet, especialmente na forma de memes.

Mas, para além do uso equivocado das redes para fazer o autodiagnóstico, há um viés positivo nas comunidades de apoio *online*, especialmente para aqueles que são discriminados ou não têm recursos para tratar da saúde mental. Por isso, se o adolescente procura os pais para discutir algo que viu no TikTok, ou em outra rede social, o melhor que os pais podem fazer é demonstrar apoio e curiosidade para ajudá-los.

Talvez um caminho possível seja criar oportunidades para conquistar confiança, tendo mais envolvimento e maior participação nas lutas que esses jovens enfrentam. Essa é a dica do psiquiatra Anish Dube, especialista em crianças e adolescentes. Ele diz que as informações apresentadas nas redes sociais podem ser imprecisas ou excessivamente simplistas, recomendando aos pais ou responsáveis legais que busquem fontes confiáveis — até porque, na internet, eles só querem entender o motivo pelo qual se sentem diferentes, ou o que os torna igual a outras pessoas que lutam contra o mesmo problema.

O que dizem as redes sociais
No ano de 2022, o TikTok emitiu um comunicado no qual afirmava: "Incentivamos fortemente as pessoas a buscar aconselhamento médico profissional, quando necessário". Adicionalmente, a empresa destacou seu compromisso contínuo em investir na educação digital para auxiliar as pessoas na avaliação desses conteúdos. Além disso, implementou medidas para permitir que os usuários estabeleçam intervalos regulares de tempo de tela e adicionou salvaguardas que atribuem uma 'classificação de maturidade' a vídeos que contenham temas adultos ou complexos.

O TikTok também apresentou um recurso de controle que permite aos pais filtrarem vídeos com base em palavras-chave ou *hashtags*, ajudando a reduzir a exposição de adolescentes a conteúdo indesejado.

Liza Crenshaw, ex-porta-voz da Meta, empresa controladora do Instagram, declarou que a rede social não tem medidas específicas além dos "padrões da comunidade", que naturalmente proíbem qualquer conteúdo que promova ou encoraje distúrbios alimentares ou automutilação. Ela também mencionou que o Instagram é usado como um espaço para a construção de comunidades e apoio mútuo.

A Meta também implementou o *Well-being Creator Collective* para educar produtores de conteúdo relacionados à saúde mental e bem-estar, incentivando a criação de material destinado a inspirar adolescentes e apoiar sua saúde mental. O Instagram introduziu várias ferramentas para combater a rolagem excessiva, restringir a navegação noturna e direcionar adolescentes para diferentes tópicos, caso estejam consumindo um mesmo tipo de conteúdo por um período prolongado.

"Fomo" e "folo": saiba quais são os vícios sociais da geração Z

Com o crescente uso das mídias sociais e o correspondente aumento dos transtornos mentais provocados por elas, a preocupação de especialistas e pais tem aumentado. Agora, mais do que eles, os próprios adolescentes e jovens têm percebido — e sentido — os males provocados pelas redes e estão se afastando delas ou fechando suas contas. A razão? Medo, ansiedade, angústia, tristeza, solidão.

As mídias sociais impactam diretamente a forma como os indivíduos se veem. Como há adolescentes de 13 anos que verificam suas contas até 100 vezes por dia, os pesquisadores alertaram sobre possíveis problemas de dependência. Outros estudos vão ainda mais longe, alertando para problemas de autoestima e depressão.

E o que era para servir de integração e entretenimento hoje é sinônimo de medo. É o que indicam as expressões "fomo" e "folo", que servem para classificar dois tipos de medo que surgem do uso não saudável das redes sociais. "Fomo" vem da expressão em inglês *fear of missing out*, que pode ser traduzida como o medo de deixar algo passar. Essa perda não é material necessariamente, mas se refere às experiências que alguém pode estar perdendo. Já "folo" significa *fear of logging off*, ou seja, medo de se desconectar. O medo de perder algo na internet fica tão grande que a pessoa teme sair daquele ambiente.

Estudo publicado na revista *Current Approaches in Psychiatry* em 2022 diz que o "fomo" pode provocar "depressão, declínio do bem-estar psicológico, sintomas crescentes de ansiedade, estresse, deterioração da qualidade de vida, aumento do risco de desenvolver psicopatologia e vício em tecnologia".

Além do "fomo" e do "folo", há outro efeito colateral nessa situação: o medo de se conectar. Especialistas de conteúdo da WGSN Brasil, empresa de tendências, apontam o *fear of logging on*, ou medo de se conectar. Há o medo de se desconectar e perder sabe-se lá o que, mas também o de se conectar e ficar mais angustiado ao se expor a certas coisas.

Segundo especialistas, esses medos podem afetar tanto os jovens quanto os adultos. Eles surgem naqueles que usam as redes sociais de modo descontrolado e se viciam nelas. Há uma particularidade, porém, no caso dos mais novos. A geração dos nativos digitais — aqueles que já nasceram com a tecnologia na mão — tende a ser naturalmente mais ansiosa por não pertencer a determinado grupo ou contexto.

Pais, educadores e profissionais de saúde mental continuam a questionar se as redes sociais são uma influência positiva ou negativa, sobretudo porque muitos ainda são adolescentes (ou mais jovens) e estão justamente na fase de formação da identidade. Segundo dados do estudo americano #Being13, divulgados pela CNN, mais da metade dos adolescentes acessam freneticamente as redes sociais porque querem ver se estão recebendo curtidas e comentários. Mais de um terço queria ver se seus amigos estavam se reunindo sem eles, e 21% queriam confirmar que ninguém estava dizendo coisas ofensivas sobre eles. Assim, esses jovens se preocupam com o impacto de sua vida digital em seus relacionamentos com outras pessoas na vida real.

Mariana Ochs, coordenadora do programa de educação midiática Educamídia, explica que as redes sociais acabam exacerbando essa tendência: "O número de pessoas com quem se comparar e o número de atividades das quais se tem medo de não participar aumenta. Essa comparação fica muito mais extrema". Se antes a comparação se dava com os colegas, hoje isso acontece com personalidades do mundo inteiro.

Claro que a realidade que aparece nas redes sociais nem sempre é idêntica ao que existe fora delas, mas, mesmo que os adolescentes saibam disso, o efeito ainda é negativo. "O ambiente digital nos expõe a realidades fabricadas e a coisas que podemos estar perdendo que são artificialmente produzidas. Ele também traz uma forma de funcionamento muito viciante. Essas coisas se combinam, gerando uma ansiedade de não estar inserido e de não estar pertencente", explica Mariana.

Os sintomas do "fomo" e do "folo"
Estudos apontam alguns sinais que alguém com "fomo" ou "folo" pode sentir. A pessoa tem o desejo de fazer todas as atividades que aparecem nessas plataformas; ela se sente mal quando não está presente em algum evento que o seu círculo compartilhou nas redes; checa seu aparelho constantemente e se desespera quando está fora do ambiente virtual.

Com isso, a ansiedade gera resultados negativos, que incluem perda do foco, queda da interação pessoal, sono irregular, procrastinação e aumento dos níveis de estresse. "As pessoas estão se sentindo desvalorizadas e desconfortáveis quando estão *offline*. E, com mais dificuldades de viver no *offline*, vão vivendo cada vez mais no online", aponta Clara Becker, diretora executiva das Redes Cordiais, que buscam construir redes mais saudáveis e confiáveis.

O remédio para esses tipos de ansiedade está no uso controlado das redes sociais — o desafio do século. Nesse sentido, o processo de educação midiática aparece como uma forma de rever a relação das pessoas com a internet. O objetivo final é trazer mais controle para o usuário e tornar o ambiente digital mais saudável. Para Clara Becker, a educação midiática nos permite fazer uma leitura crítica das redes sociais.

Especificamente na contenção do "fomo" e do "folo", especialistas recomendam o controle parental das redes sociais. Saber o que os filhos estão consumindo, com quem estão falando e controlar o tempo de tela são estratégias importantes para evitar problemas decorrentes dessa ansiedade, como a baixa autoestima e o esgotamento. Porém, é inteligente estabelecer momentos offline, em que as famílias deixem de lado o celular por um tempo. Esses pactos permitem um uso mais consciente, deliberado e saudável dos ambientes digitais, menos frenético e com mais intencionalidade.

Embora haja cada vez mais preocupação com os problemas psicológicos causados pelo uso excessivo das redes sociais, a conscientização sobre o tema vem aumentando. A tendência será relativizar o uso e diminuir o tempo de tela.

Rolagem automática: a função do TikTok que deveria ser proibida

Há uma, até duas décadas, ninguém sabia ao certo o que seria da geração que cresceria conectada aos aparelhos eletrônicos. As crianças que nasceram nos anos 2000 são hoje adolescentes e jovens adultos. Foi a primeira geração que experimentou jogos eletrônicos, desenhos e filmes em *smartphones* e *tablets*. Aprenderam a baixar jogos, acessar o YouTube e dividir com o aparelho um tempo que deveria ser de brincadeira. Em média, ganharam o primeiro celular aos 11 anos. Mas quem nasceu nos anos 2010 começou esse movimento muito mais cedo, nos anos iniciais da vida, os quais chamamos de primeira infância.

Segundo a pesquisa Crianças Digitais, feita pela Kaspersky, essas crianças, chamadas de geração alfa, ganham o primeiro celular, em média, aos 8 anos. Não para menos, essas crianças e adolescentes sentiram na pele os efeitos colaterais do uso ilimitado de *tablets* e *smartphones*. São muito mais impacientes porque não aprenderam — e continuam sem aprender — a esperar. Têm uma série de retardos no desenvolvimento físico e motor porque brincaram menos, seja em parquinhos, na natureza ou dentro de casa.

São crianças e adolescentes com extrema dificuldade de usar um lápis ou pegar qualquer objeto que exija a motricidade fina. São também uma geração que tem frequentado consultórios de psicólogos e psiquiatras cada vez mais cedo. Sem falar na lista de especialistas que consultam em virtude do "não desenvolvimento esperado para a faixa etária".

É sabido que doenças crônicas, como ansiedade e depressão — que, segundo o Unicef, cresceram cerca de 120% nos últimos anos e atingem 36% das crianças e 60% dos adolescentes — podem ser combatidas com a mudança de hábitos, como alimentação mais saudável, prática de atividades físicas, relacionamentos prazerosos e o uso controlado de aparelhos eletrônicos. Temos consciência de tudo isso, mas não conseguimos colocar esses hábitos em prática; perdemos o controle.

É impossível não se preocupar com todos os problemas decorrentes do uso indevido dos aparelhos eletrônicos e das plataformas que lá habitam, sobretudo porque eles são indiscutíveis quando se observa o desenvolvimento integral, cognitivo e psicoemocional de crianças e adolescentes. Assim, precisamos buscar maneiras mais equilibradas e saudáveis de lidar com a tecnologia e os recursos de entretenimento e relacionamento que ela nos proporciona, porque essa é uma realidade que não entrará em extinção. O desafio é saber dosá-la.

O tempo diário considerado razoável para navegar entre YouTube, Instagram e TikTok já é consenso entre médicos de áreas diversas de atuação: no máximo 2 horas entre 6 e 10 anos e 3 horas entre 11 e 18. Porém, indo na contramão dessas recomendações de especialistas — que pedem restrições do tempo de uso das redes sociais para crianças e adolescentes —, a mais usada entre eles, o TikTok, lançou um botão de rolagem automática em que os vídeos se reproduzem ao infinito sem que seja necessário rolar a tela.

Aliás, tem gente que nem segura o celular para assistir a vídeos. Existem no mercado dois acessórios que deixam as mãos do usuário livre: o suporte de mesa, que tem sido usado em escrivaninhas e camas, e o anel de rolagem automático, uma espécie de controle remoto.

A criança ou adolescente que está ali, quase em um processo de osmose, começa a ver sugestões de vídeos que podem ou não ter relação com suas preferências. É assim quando adultos colocam o *shuffle*[9] do Spotify, certo? No entanto, *shuffle* significa embaralhar. A plataforma faz um mix entre o que o usuário gosta e o que ela quer que ele veja e vai embaralhando os conteúdos. Quando você percebe, está vendo muito mais o que lhe é sugerido do que o que você procuraria ver. Percebe o perigo de tudo isso?

Há quem escolha não olhar para esse contexto e continue obtendo uma suposta paz com a liberação indiscriminada dos aparelhos aos filhos. Mas há quem escolha desafiar o que parece impossível. Se — num momento em que tantos estudos e pesquisas comprovam os danos causados pelas redes sociais no desenvolvimento emocional, psicológico e motor dos nossos filhos — não fizermos nenhum movimento de mudança, certamente teremos de lidar com as próximas gerações de adultos com habilidades socioemocionais totalmente atrofiadas.

Segundo pesquisa publicada em 2022 no *International Journal of Environmental Research and Public Health*, que examinou 19 artigos científicos publicados sobre distúrbios alimentares, depressão e doenças psicológicas, quanto mais tempo os adolescentes passam nas redes sociais, maiores são os índices de transtornos mentais, além de outras consequências adversas.

Matéria publicada na revista *The Atlantic* em 2017 já questionava se os *smartphones* tinham a capacidade de destruir uma geração e mostrava como o suposto esconderijo das redes sociais dava uma falsa sensação de segurança às pessoas, que não precisavam se relacionar pessoalmente.

Utilizei a palavra "suposto" algumas vezes neste texto porque as redes sociais proporcionam isto: uma suposta segurança,

---

9. *Shuffle* é a reprodução aleatória de músicas, como nos serviços de *streaming* Spotify, Amazon Music e outros.

uma suposta relação social com determinado grupo, um suposto pertencimento, um suposto reconhecimento, um suposto sucesso etc. Mas a que custo?

Estamos permitindo que crianças e adolescentes paguem o preço com a própria saúde mental. E por quê? Por que passou a ser tão difícil determinar o tempo de tela? Por que os pais têm medo de impor limites aos filhos? Por que ainda não entendemos que as plataformas precisam de regras, como tudo na vida, no mundo?

Vamos a uma analogia. Nenhum pai ou mãe em sã consciência daria uma caixa de bombons ao filho, fosse criança ou adolescente, e permitiria que ele comesse até o último chocolate. E, caso o filho adquirisse o hábito de comer uma caixa de bombons por dia, todos sabemos os problemas que isso causaria — entre eles, a compulsão.

Então eu lhe pergunto: por que permitir que seu filho devore uma caixa de bombons todo dia nas redes sociais? Ou melhor: por que permitir que plataformas como Instagram e TikTok devorem o cérebro dele, que está em pleno desenvolvimento? É preciso perder o medo de impor limites e retomar a responsabilidade de educar os filhos. Não podemos continuar assistindo à deterioração emocional de uma geração inteira. Claro que as plataformas têm responsabilidades, mas nós também temos.

Mas o que fazer, e como? Retomar o bom e velho diálogo, em que duas ou mais pessoas conversam sobre determinado assunto. No momento em que se decide dar um aparelho eletrônico à criança é preciso conversar sobre tudo que está ali dentro. É preciso ensinar que não se pode aceitar nada de estranhos. É preciso colocar regras — o combinado não sai caro. É preciso conhecer o ambiente, as plataformas, as pessoas que seu filho segue. Saiba quem são, assista aos conteúdo produzido por elas para orientar seu filho sobre o que ele assiste.

Indique vídeos e matérias que ele também possa ler e adquirir conhecimento. Amplie a visão que ele tem de determinada rede social ou pessoa que ele segue. Mostre pesquisas e estudos. Incentive-o a procurar amigos fora das redes e a fazer programas presenciais.

Estimule o esporte, crie ambientes saudáveis dentro de casa, ofereça programas com a família aos finais de semana, faça combinados como "celular na mesa não pode", puxe conversa, enfrente a cara feia, confronte o chilique do seu filho. Não tenha medo de dizer "não". A permissividade está longe de ser uma boa demonstração de amor. Crianças e adolescentes precisam de limites e contornos, e se abster do seu papel como pai e mãe, definitivamente, não é uma solução. Coragem.

Existe idade certa para ter o primeiro celular?

Durante a época da piracema, o tempo fica mais chuvoso, as águas de rios se tornam mais oxigenadas, e os dias, mais ensolarados. Os peixes percebem todas essas mudanças como condições favoráveis para a reprodução. Mas, para que isso aconteça, eles precisam nadar contra a correnteza. No mundo todo, cardumes de várias espécies de peixes nadam rio acima para desovar. Para fazer nascer.

O esforço contra a corrente é essencial para o processo de reprodução, pois os peixes queimam gordura e estimulam a produção de hormônios responsáveis pelo amadurecimento dos órgãos sexuais. A duração da viagem varia bastante. Peixes como as piabas não nadam mais do que três quilômetros por dia, mas há registros de curimbatás que chegaram a percorrer 43 quilômetros de rio em apenas 24 horas. Algumas espécies chegam a subir 600 quilômetros, segundo informações do Instituto de Pesca.

Independentemente da distância, a jornada é cheia de perigos. Além de superar cachoeiras, predadores e outros obstáculos naturais, esses animais precisam também vencer a pesca predatória. Mas o que isso tem que ver com o título deste texto? Ao contrário dos cardumes que nadam contra a correnteza, ainda é pequeno o número de pais, mães e responsáveis legais que resistem à pressão social para que o filho tenha celular.

Aquela frase célebre — "Todo mundo tem, menos eu!" — que acompanha gerações de crianças e adolescentes ainda resiste e persiste nos tempos atuais. O problema é que agora eles querem não o álbum de figurinhas ou o sorvete, mas *tablet* ou *smartphone*.

Os tempos mudaram e ficou difícil ter forças para nadar contra a correnteza. Até porque os predadores se proliferaram pelo caminho e, muito além da pressão dos coleguinhas, existe a pressão das chamadas *big techs*. O que fazer? Como resistir ao máximo? Existe idade propícia para ganhar o primeiro celular?

Segundo o pediatra Daniel Becker, o ideal é não oferecer o celular à criança até os 14 anos. Aos que já têm, ele aconselha restringir ao máximo o tempo de tela. "Nos Estados Unidos, existe uma campanha que incentiva dar o celular só no nono ano, quando eles estão com 13 ou 14 anos, ou até o ensino médio mesmo. Isso é essencial. Quanto mais cedo você dá o celular na mão da criança, maior a possibilidade de vício, menores as chances de ela conseguir ter uma adolescência normal, maiores as chances de depressão. Ela precisa passar pela puberdade sem celular", aconselha o médico.

As escolas públicas dos Estados Unidos estão adotando medidas cada vez mais restritivas para tentar afastar os jovens dos seus celulares. Em maio de 2024, no estado da Flórida, por exemplo, foi aprovada uma lei que exige que as escolas públicas vetem o uso de celulares durante as aulas — algumas, inclusive, ampliaram a restrição para todo o período escolar.

Segundo as lideranças locais, as medidas mais rigorosas são imprescindíveis devido ao uso descontrolado das redes sociais nesses espaços, o que compromete o aprendizado, o bem-estar e a segurança física dos estudantes. Em diversas instituições de ensino, os adolescentes planejam e registram agressões contra colegas, divulgando os vídeos no TikTok e no Instagram.

Por aqui, duas ações ganham força: o Movimento Desconecta, encabeçado por mães de crianças e adolescentes que decidiram remar contra a maré, e um projeto de lei criado pela deputada estadual Marina Helou para proibir o uso do celular dentro das escolas paulistas. Em 2024, o projeto foi aprovado por duas comissões da Assembleia Legislativa do Estado de São Paulo e sancionado pelo governador, passando a valer a partir de 2025.

Para Gabriel Salgado, coordenador da área de educação do Instituto Alana, as telas não devem substituir nem competir com as atividades essenciais das crianças e dos adolescentes, como os esportes, as horas de sono, os horários de alimentação, o contato com a natureza e as interações sociais. "Esse é um pressuposto fundamental para compreendermos que não é benéfico às crianças receberem celulares como presentes em substituição às brincadeiras. E que seu brincar não está restrito ao uso e consumo de brinquedos específicos", diz.

O pediatra Daniel Becker ressalta que o melhor dos mundos seria retardar esse acesso até os 16 anos. Mas, a partir do momento em que os pais o permitem, que ele seja supervisionado. "Hoje, existem aplicativos de controle de tempo, de sincronização de perfil, para que eles possam ver o que está acontecendo, saber de quem essa criança está recebendo mensagem ou para quem está mandando. Controlar os contatos, os grupos sociais, os grupos no WhatsApp, isso é essencial. Não pode ter grupo de criança e adolescente sem supervisão parental", orienta.

Na visão de Gabriel, a restrição deve ser maior para as crianças menores. Ele não vê problema quando "há um equilíbrio entre o uso de telas e as atividades essenciais à vida, e quando a tecnologia esteja adequada à faixa etária, sem que ela tenha acesso a conteúdo nocivo como publicidade, violência e diálogo com desconhecidos". "Já com relação aos adolescentes, é importante que os acordos sejam estabelecidos de maneira nítida e respeitosa. É preciso engajá-los na solução de problemas e riscos e fortalecer sua participação ativa, crítica e responsável", orienta.

Becker cita o livro *Geração ansiosa*, de Lauren Cook, que propõe algumas medidas para combater o problema do vício em redes sociais, como retardar a entrega do primeiro celular, postergar a entrada desses jovens nas redes sociais e orientá-los a não usar o celular na escola, já que ele atrapalha o aprendizado. O médico conta que as escolas do Rio de Janeiro que adotaram o modelo celular zero já estão colhendo bons frutos. "Os alunos estão felizes com o celular zero. Estão voltando a brincar. Se alguém tem celular, todo mundo tem que ter. Mas se ninguém tiver, eles ficam felizes, eles estão brincando", comemora.

Para ele, o recreio é também o momento da aquisição de habilidades essenciais que se aprendem brincando, convivendo com outras crianças. "E é o lugar da felicidade, da brincadeira, da movimentação física. Então, é essencial que na hora do recreio não se tenha celular. Os pais gostam, os professores gostam e as crianças também", resume.

A responsabilidade dos pais
Gabriel comenta que tanto os pais como os educadores devem manter um diálogo aberto e honesto com as crianças sobre os riscos do uso excessivo de celulares. "É importante estabelecer regras claras e limites de tempo de tela adequados à idade da criança. Por isso, o ideal é que os pais também sejam um exemplo dos filhos, usando o aparelho de forma responsável e moderada e evitando o uso durante as refeições, conversas em família e momentos de lazer com as crianças", diz. Além disso, ele relembra que a garantia de direitos às crianças e adolescentes é uma responsabilidade compartilhada entre Estado e sociedade, o que inclui as empresas de tecnologia e também as escolas e as famílias, como prevê o artigo 227 de nossa Constituição Federal.

"Mães, pais e responsáveis precisam atuar de maneira cuidadosa, variando o tipo de mediação necessária a cada contexto e faixa etária. Não podemos ignorar, no entanto, os desafios com a sobrecarga de trabalho sobre as mulheres, a falta de informações, a dificuldade de diálogo sobre esse tema e a pressão exercida pelas grandes empresas. Daí a necessidade de promover uma relação saudável entre as crianças e a tecnologia. Precisa ser um esforço conjunto entre escola, família, governos, empresas e sociedade", reforça.

Para o pediatra Daniel Becker é importante que existam espaços apropriados para que as crianças possam brincar fora de casa. "Precisamos ter cada vez mais políticas públicas que apoiem as famílias a levar suas crianças para brincar em praças bem cuidadas, quadras poliesportivas, vilas olímpicas com atividades recreativas e gratuitas para crianças, lugares arborizados, bem iluminados, acessíveis e com atividades diversas, para que elas não fiquem jogadas no sofá e no celular", conclui.

Boa parte desse esforço de tirar crianças e adolescentes das telas cabe aos governos e às próprias empresas donas de tais recursos, mas somos parte fundamental no processo. Experimente se sentar à mesa sem o seu celular na mão. Experimente o silêncio da família até que surja uma breve conversa. Experimente aceitar o convite para uma brincadeira com seu filho. Experimente as relações com crianças e adolescentes. Elas valem muito a pena.

O que está acontecendo com as crianças da geração alfa que crescem em frente às telas?

"Eu e minha mulher resolvemos dar um celular para ela porque esse é o mundo e ela tem que aprender a mexer desde pequenininha, senão vai ficar pra trás na tecnologia", me contou o pai de uma garotinha de 4 anos.

Essa mesma menina vai crescer, claro, e também fará outras coisas que são inerentes à sua geração, como ter relações sexuais e experimentar bebida alcóolica. Mas, é claro, ela terá de crescer para vivenciar outras coisas que também fazem parte da vida e do mundo. Agora eu pergunto: por que somos tão permissivos com a tecnologia? Por que pais e mães não veem problema em uma criança pequena sentada num sofá, paralisada, em frente a uma tela? Por que é que eles não veem problema em crianças que pouco falam, pouco brincam, pouco socializam e muito se fotografam? Existe uma geração de crianças crescendo em frente às telas e construindo seu repertório de mundo pelo conteúdo que chega através do *scroll*.

São crianças nascidas entre 2010 e 2025, a geração alfa, a primeira totalmente nativa digital, que não distingue o mundo *online* do *offline*. Mas a presença aguda da tecnologia no cotidiano, somada à experiência do período pandêmico, faz que essa geração tenha comportamentos e visões bastante particulares.

Estamos falando de uma geração de crianças que está construindo sua ideia de mundo com base nas referências digitais. Não são as relações humanas que dão a elas perspectivas sociais, mas as telas. É uma ideia de mundo, diga-se de passagem, construída por empresas de marketing, influenciadores, algoritmos etc.

Na escola, essas crianças utilizam o universo do YouTube e do TikTok para fazer desenhos e escrever histórias. São comuns as histórias criadas por meninas em que elas se acham feias e, por alguma transformação, passam a se gostar. Estou falando de meninas de 7 e 8 anos.

Foi-se o tempo em que crianças assistiam *Backyardigans* ou *Cocoricó*. Foi-se o tempo em que a criança ficava entediada, tinha de esperar, ficava cansada, era contrariada e brincava. Divertir e ensinar sempre foram as principais "funções" das brincadeiras. Mas, com a chegada da tecnologia e dos celulares, uma simples brincadeira com massinha de modelar pode ser considerada chata ou cansativa. Afinal, para que exercitar os músculos das mãos quando arrastar a tela do celular é muito mais legal e fácil?

Exercitar os músculos da mão é fundamental para deixá-los fortes e saudáveis. A mão precisa abrir e fechar, apertar e soltar, esticar e contrair. Quando não exercitamos esses músculos, eles atrofiam. Assim, quando uma criança reclama que a massinha está "dura", pode ser um indicativo de que algo está muito errado.

Na verdade, crianças que passam mais tempo em dispositivos móveis do que interagindo com outras pessoas ou com seus pares perdem oportunidades importantes de desenvolver habilidades sociais, emocionais e físicas. O mesmo vale para os adolescentes.

Segundo Gabriel Salgado, do Instituto Alana, o brincar — sobretudo o brincar livre, que parte da iniciativa da criança e não depende de brinquedos prontos — é fundamental para a formação da subjetividade, o desenvolvimento e o bem-estar emocional de crianças e adultos.

"Brincar é uma condição para a expressão de vitalidade e criatividade do ser humano e possibilita sua participação ativa na sociedade. Ao brincar livremente, as crianças expressam sua singularidade, demonstrando suas emoções, interesses, gestualidades e habilidades — motoras, cognitivas e sociais. É a forma de a criança ser, se expressar, se afetar, criar, compreender, investigar, aprender e estar no mundo", reflete.

Salgado complementa que é por meio da experiência do brincar que a criança vai se constituindo como uma pessoa inteira, que sente, pensa e age no mundo de forma própria, singular. "O brincar proporciona o sentimento de estar vivo, de ter um lugar no mundo, de pertencer ao próprio corpo e participar da comunidade e da cultura do seu entorno. Os efeitos e benefícios do brincar infantil perduram ao longo da vida", explica.

Para ele, as crianças precisam de interações sociais presenciais para aprenderem a se relacionar, a se comunicar, a conviver com a diversidade, a negociar, a ter empatia, cuidado consigo e com o outro, entender e usar expressões faciais e linguagem corporal em resposta a sinais não verbais.

Na opinião de Daniel Becker, o excesso de permanência das crianças nas telas — e especialmente o que elas têm feito em aplicativos como WhatsApp, Telegram, YouTube, TikTok e Instagram — é extremamente tóxico para a infância, justamente porque essas plataformas serem viciantes. "Se esses aplicativos viciam os adultos, que já têm um cérebro maduro, imagine o das crianças, cuja formação ainda é imatura e não têm qualquer capacidade de controle nem habilidade para tomar decisões", questiona.

Para o pediatra, as crianças que passam muito tempo no celular perdem muita coisa. "Elas estão deixando de ter contato com o próprio corpo. Ficam largadas no sofá, abandonando um corpo que pede movimento. O cérebro, o metabolismo, o coração, tudo no corpo dela exige que ela se movimente. Elas estão se exilando da natureza, do céu, do chão, das árvores e do seu território essencial. A natureza é o território essencial das crianças, mas elas se afastam cada vez mais do mundo natural", salienta.

Sabemos que a relação telas *versus* infância e adolescência é uma bomba-relógio. Todos os dias são publicados estudo sobre o assunto. Em 2023, uma pesquisa da Faculdade de Medicina da Universidade Federal de Minas Gerais (UFMG) mostrou que 72% das crianças avaliadas pelo Programa de Pós-Graduação em Medicina Molecular da instituição apresentaram sintomas de estresse, ansiedade e depressão decorrentes do uso excessivo das telas.

É urgente a mudança de hábitos. É urgente o resgate do brincar.

Como prevenir o assédio sexual e a pornografia *online*

Com a popularização da internet e o acesso cada vez mais precoce a dispositivos conectados, os adolescentes enfrentam desafios que vão além do uso saudável da tecnologia. Práticas como *sextortion* — extorsão sexual *online* — e a exposição precoce à pornografia estão entre os maiores riscos que os jovens enfrentam no ambiente digital. Além de afetar sua saúde mental, esses problemas prejudicam seu bem-estar social e emocional.

A *sextortion* é uma forma de chantagem em que criminosos ameaçam divulgar imagens íntimas das vítimas para exigir dinheiro ou mais conteúdos explícitos. Relatórios indicam que o número de casos cresce de forma alarmante, especialmente entre jovens de 12 a 18 anos, sendo as plataformas digitais, como redes sociais e aplicativos de mensagens, os principais ambientes em que os crimes ocorrem. A facilidade de acesso à tecnologia, combinada com a falta de supervisão adequada, cria um cenário preocupante.

O acesso precoce à pornografia é outra questão urgente, uma vez que contribui para a distorção de conceitos sobre sexualidade e dessensibilização em relação à violência sexual. Estudos indicam que muitos adolescentes começam a acessar esse tipo de conteúdo ainda na infância, o que pode normalizar comportamentos abusivos e criar percepções prejudiciais sobre relações interpessoais.

Para Sheylli Caleffi, educadora e ativista pelo fim da violência sexual, a *sextortion* tem se tornado cada vez mais habitual. "Trata-se de um crime bastante comum, que aumentou de forma assustadora nos últimos anos, especialmente contra meninos. Sempre foi muito comum contra meninas, e nesse caso os criminosos buscam imagens cada vez mais explícitas. No caso dos meninos, o foco é financeiro: pedem dinheiro para não revelar as fotos. Os criminosos estudam engenharia social, sabem como a mente funciona e, ao darem atenção e elogios, conquistam rapidamente a confiança das vítimas", explica.

A confiança é conquistada de forma calculada, utilizando perfis falsos ou até mesmo pessoas conhecidas da vítima. "É muito fácil se tornar confiável para uma criança ou um adolescente. Segundo uma mãe cuja filha foi vítima de um namorado virtual, ele se apresentou como uma pessoa real, mas, depois de conquistar a confiança dela, começou a extorqui-la exigindo mais imagens, inclusive envolvendo outros membros da família menores de idade", relata Sheylli.

Mudanças no comportamento: sinais de alerta
Os pais e responsáveis têm um papel fundamental na identificação de possíveis sinais de assédio *online*. Antes de perceberem que estão sendo manipulados, os jovens costumam demonstrar entusiasmo incomum com o uso do celular.

"Os adolescentes que sofrem assédio geralmente mostram maior entusiasmo com o telefone, passam mais tempo *online* e parecem animados. Contudo, quando a extorsão começa, o comportamento muda para ansiedade, irritabilidade, alterações no sono e na alimentação e até o abandono de atividades antes preferidas", aponta a educadora.

Quando pressionados por criminosos, muitos adolescentes entram em um estado de desespero extremo, que pode levar a consequências graves. "A pressão é tão grande que alguns jovens chegam a tirar a própria vida. O criminoso quer conseguir as fotos ou o dinheiro rapidamente e não se importa com o ser humano por trás disso. Eles seguem roteiros bem estruturados, pressionando as vítimas até o limite", alerta Sheylli.

A responsabilidade das plataformas digitais
As redes sociais, que deveriam ser espaços de conexão e entretenimento, muitas vezes acabam facilitando o acesso dos criminosos às vítimas. Sheylli critica a falta de ações efetivas por parte dessas empresas. "As plataformas foram criadas para adultos e tentam ser adaptadas para crianças, mas isso não tem dado certo. Redes sociais como Instagram e TikTok permitem contas de crianças mesmo tendo tecnologia para barrá-las. Além disso, deveriam facilitar a denúncia de comportamentos suspeitos e implementar medidas educativas, como avisos sobre os riscos presentes no ambiente digital."

Um caso emblemático ilustra essa questão. "Um homem em Maricá, no Rio de Janeiro, criou um perfil falso no Instagram, se passando por menina, e postou fotos de outras crianças da comunidade. Levou um ano e três meses para que a plataforma removesse o perfil, mesmo após as denúncias dos pais e a prisão do criminoso. Isso mostra quanto estamos desprotegidos", relata Sheylli.

Culpar a vítima só piora o problema
A culpabilização da vítima é outro fator que dificulta o enfrentamento do problema. Para Sheylli, essa prática apenas isola os jovens ainda mais. "Os adolescentes mandam *nudes*, assim como os adultos. O problema não está nisso, mas no comportamento criminoso de quem recebe essas imagens. Se a sociedade continuar culpando as vítimas, elas não buscarão ajuda e ficarão ainda mais vulneráveis", ressalta.

Para a especialista, "os jovens precisam saber que podem contar com os pais sem medo de punição. É essencial levar os casos à polícia, reunir evidências e nunca continuar a conversa com o criminoso. Apoio terapêutico também é crucial, mas ainda temos poucos profissionais preparados para lidar com esses casos".

Garantir a segurança dos adolescentes na internet requer um esforço coletivo. Pais e responsáveis precisam se envolver ativamente, estabelecendo conversas abertas sobre os perigos presentes no ambiente virtual. Ao mesmo tempo, é essencial pressionar as plataformas digitais a adotar medidas mais rigorosas de proteção. "Não podemos entregar algo tão perigoso às crianças sem prepará-las para lidar com isso", afirma Sheylli. "Proteger nossos jovens é uma questão de direitos humanos e de responsabilidade coletiva. Se não falarmos com eles sobre os riscos, outra pessoa estará falando", conclui.

Parte V

Solidão, comportamentos destrutivos e autoestima na adolescência

Autoestima na adolescência: "Eu só queria me sentir seguro com a minha imagem"

Desde que o mundo é mundo, os padrões sempre ditaram as regras. E com a beleza, diretamente atrelada à autoestima, não foi nem será diferente. Vamos entender melhor como essa ditadura impacta a construção da autoconfiança na adolescência em tempos de redes sociais.

"Eu não sei se quero ser aquele filtro." A frase de João Pedro abre o primeiro vídeo de uma sequência que fala sobre a construção da autoestima na juventude, produzida pela Fundação José Luiz Egydio Setúbal.[10] A série "Crises na adolescência" tem por objetivo discutir algumas das tantas questões desse período, entre elas a autoestima. E você sabe por quê?

Porque a autoestima é um aspecto fundamental da saúde mental de qualquer pessoa. Ela se refere à avaliação que alguém faz de si e da sua capacidade de lidar com os desafios da vida. Traduzindo o conceito para o cotidiano, autoestima tem que ver com a capacidade de se olhar no espelho e se sentir bonita ou bonito. Gostar de si, se achar bom o bastante para desenvolver a autonomia, pisar no mundo, encarar os milhões de outros olhares sem se abalar. Mas quem consegue agir assim? Afinal, desde que o mundo é mundo somos bombardeados por padrões estéticos a serem seguidos, sendo inquestionável a capacidade que eles têm de abalar a autoconfiança de um indivíduo.

---

10. Disponível em: https://www.youtube.com/watch?v=qKyXjhRWMUY. Acesso em: 25 out. 2024.

O tempo passa, os padrões estéticos se atualizam, mas vivemos uma eterna não aceitação, que acaba por estabelecer uma relação conflituosa com a imagem que observamos no espelho. Quem consegue se olhar sem achar defeitos? Sem enxergar, primeiro, o que gostaria de mudar, para depois se elogiar? Agora, tente voltar à sua adolescência. É nessa fase que meninos e meninas começam uma relação mais consciente com a própria imagem. E, durante o exercício diário de se olhar, se perceber e se conhecer, muito da autoestima vai sendo construída e fortalecida.

Ana Beatriz, outra jovem da série, explica que, quando criança, gostava muito de se olhar no espelho, mas que isso mudou quando ela entrou na adolescência. "Diziam que eu tava muito magra, ou diziam que eu tava gordinha, e eu acabei desenvolvendo um transtorno alimentar, porque eu sempre achava que meu corpo não era bom", conta.

Claro que a autoestima não é totalmente construída ou pautada apenas pelos padrões de beleza. Existe um guarda-chuva de fatores que trabalham a favor ou contra esse olhar positivo que a pessoa tem sobre si, mas é inegável — e incontestável — que o peso de "ser bonito" exerce pressão.

Mas não é fácil se olhar e se achar bonita aceitando um nariz supostamente "torto" ou "de batata", uma pele "cheia" de acne ou espinhas, um corpo mais "redondinho" ou gordo, cabelos encaracolados "demais" ou crespos. Tudo entre aspas porque tudo aqui é relativo — ou subjetivo. A lista pode ser interminável, e em tempos de redes sociais, em que a exposição é maior e mais constante do que 20 ou 30 anos atrás, a relação com a autoestima pode complicar — e muito.

"Eu sou mais do que só um corpo", diz Giovanna, outra adolescente que participou da série sobre autoestima. "Eu nunca apareceria assim na internet, sem filtros. É uma coisa para se pensar, não sei por que, mas não tenho coragem", completa.

Em abril de 2023, a marca de higiene pessoal Dove lançou um filme chamado, "O custo da beleza"[11]. Nele, conta-se a história de uma garota americana que vivia muito bem até seus 14 anos, quando ganhou de aniversário um celular. Como quase todo adolescente, a menina criou conta nas redes sociais e começou a trocar o seu tempo pela tela. E de maneira assustadora, mas totalmente real, essa menina começa a desenvolver problemas de saúde mental. Ela deixa de sair com as amigas, passa muito tempo jogada na cama, constantemente se olha no espelho e se acha feia. Faz dieta, não come mais quase nada porque se acha gorda — até o dia em que vai parar no hospital porque desenvolveu um transtorno alimentar: anorexia.

A história real da Dove não é isolada nem exceção. É a história de muitas meninas e meninos que vivenciam os mesmos problemas ao longo da adolescência. E é impossível falar de autoestima sem abordar o impacto das redes sociais na construção dessa imagem, desse olhar-se no espelho.

No Brasil, a pesquisa "Dove pela autoestima", realizada pela empresa em dezembro de 2020, revelou que 35% das 503 meninas entrevistadas já se sentiram "menos bonitas" ao verem fotos de influenciadores e celebridades nas redes sociais. O estudo também mostrou que 84% das jovens brasileiras com 13 anos na época já haviam aplicado filtro ou usado aplicativos para mudar a imagem em fotos.

Na França, em 2023, o parlamento aprovou uma lei que regula a atividade dos influenciadores para conter a promoção de produtos e tendências perigosas. A legislação pretende combater abusos nas redes sociais e estabelece algumas diretrizes:

---

11. Disponível em: https://www.youtube.com/watch?v=4sTF_p6jwuA. Acesso em: 25 out. 2024.

- Proíbe a promoção de remédios, produtos e procedimentos estéticos prejudiciais à saúde.
- Impede a divulgação de criptoativos e aplicativos de apostas esportivas.
- Permite a promoção de jogos de azar apenas com restrições para menores.
- Exige que os influenciadores declarem se foram remunerados para promover produtos.
- Determina a divulgação explícita de qualquer retoque em vídeos ou imagens, incluindo alterações por inteligência artificial.

Os influenciadores que não cumprirem a lei podem enfrentar penalidades que incluem até dois anos de prisão e multas de até € 300 mil. Na Noruega e em Israel já existem leis que obrigam fotos e vídeos a serem rotulados quando tiverem filtros aplicados. E por que precisamos da lei de proteção ao uso de filtro? O grande problema dos filtros é que eles projetam padrões inatingíveis. Se os padrões, por si sós, já são inalcançáveis, imagine o que acontece quando são retocados por filtros. É como se elevássemos tudo à potência máxima, tornando o processo de aceitação da própria imagem algo muito mais doloroso e difícil.

"Eu nunca postei uma foto assim, natural", diz João Pedro. "Não sei se quero ser aquele filtro. Mas uso só para esconder um pouco do que tá me incomodando no momento. Às vezes me sinto até culpado de colocar um filtro no meu rosto. Não queria fazer isso. Eu queria mostrar a minha acne. Eu queria me sentir seguro com a minha imagem."

O problema é que as redes sociais passam a existir como uma vitrine para corpos "perfeitos", peles impecáveis e uma vida aparentemente glamourosa, o que faz que a gente passe a se sentir inadequado.

Em consequência de tudo isso, há uma distorção da realidade. O que seria saudável e natural no processo de adolescer é penoso e cruel. É importante lembrar que a luta contra a ditadura da beleza envolve a promoção da diversidade e da inclusão, além da valorização da autoestima e do amor-próprio acima de padrões estéticos impostos pela sociedade.

Conversar com os adolescentes e os jovens sobre como eles se sentem ao depararem com o universo infinito de imagens e comentários ainda é a melhor saída para enfrentar o problema. Aprender a usar os ambientes virtuais e a se relacionar neles é fundamental, e quando adquirimos consciência do mal que eles podem nos causar já demos um passo para estabelecer outro tipo de relação com as redes sociais.

A autoestima é um aspecto fundamental para a saúde mental do ser humano, e assim como cuidamos do corpo precisamos cuidar da cabeça e das coisas que ficam cutucando as bordas do nosso cérebro. A equação não é simples, mas é possível. E bonito é ser quem a gente é.

Solidão: como evitar que essa epidemia mundial atinja os adolescentes

A solidão que se instalou nas relações humanas, o afastamento entre as pessoas, a substituição do contato real pelo virtual, a perda de habilidades sociais e os tempos complexos elevaram os índices de solidão da população mundial. Fala-se de uma epidemia, de algo quase contagioso, que tem sido tema de estudo de pensadores, sociólogos e médicos.

Uma das principais autoridades de saúde nos Estados Unidos, o médico Vivek Murthy declarou que enfrentar a crise da solidão e do isolamento representa um dos maiores desafios dessa geração. Ele sugere que reconstruir as conexões sociais pode ser um dos caminhos possíveis para combater o que chama de "epidemia da solidão".

No estudo "A pandemia e as sequelas emocionais", dirigido por Guilherme Polanczyk, professor do Departamento de Psiquiatria da Criança e do Adolescente da USP, é notável o aumento do sentimento pós-isolamento social, sobretudo entre as meninas.

Os médicos observaram uma correlação entre a solidão, o aumento do uso das redes sociais e o espelhamento de uma falsa realidade da vida. É aquela conhecida história da "venda" de uma vida cheia de felicidade e pessoas bonitas contra a constante batalha contra a imagem refletida no espelho.

Para entender melhor a complexidade do assunto: outro estudo, conduzido pelos neurocientistas John T. Cacioppo e Stephanie Cacioppo, da Universidade de Chicago, já apontava a solidão como uma nova epidemia em meados de 2014. Naquela época, após uma década de pesquisa, os especialistas indicaram que mais de um terço das pessoas em países ocidentais se sentiam sozinhas.

Com base em 57 estudos e em dados fornecidos pela OMS, um artigo publicado no *British Medical Journal* (BMJ) constatou que o sentimento de solidão era realidade em 113 países. Os dados disponíveis abrangiam adolescentes (12 a 17 anos) em 77 países, jovens adultos (18 a 29 anos) em 30 países, adultos de meia-idade (30 a 59 anos) em 32 países e adultos mais velhos (maiores de 60 anos) em 40 países. Fora da Europa, não havia dados disponíveis para todas as faixas etárias, exceto para os adolescentes. Na ocasião dos estudos, a prevalência combinada da solidão entre os adolescentes variou de 9,2% no Sudeste Asiático a 14,4% na região do Mediterrâneo Oriental.

Nos Estados Unidos, um relatório da Universidade Harvard de 2020 mostrou que um de três americanos relatou sentir solidão frequentemente. No Brasil, uma pesquisa publicada na plataforma PubMed em 2015 informou que 15% dos estudantes brasileiros com idade entre 13 e 17 anos se sentiam solitários por várias razões.

Mas o que é esse "sentimento de solidão"? Trata-se de um sentimento de não pertencimento, de não ser aceito pelo mundo — aquela impressão de não se encaixar em lugar nenhum. A sensação constante e ininterrupta de estar sozinho mesmo estando acompanhado.

A pessoa pode viver em família, em comunidade, em república universitária, em espaços coletivos e cheios e, ainda, sim, se sentir sozinha. É a dificuldade (multifatorial) de estabelecer relações sociais que indica o nível de solidão de um indivíduo, não a quantidade de gente ao seu redor.

Pessoas sozinhas podem conviver muito bem com a solitude — do latim, *solitudo*, a paz interior de estar só —, mas o ser humano e muitas das espécies animais não nasceram para viver sozinhas e/ou fora das relações sociais. E, como bem disse Drauzio Varella em conversa com a jornalista Maria Cristina Poli, "estou convencido de que é muito importante evitar a solidão".

Ele ponderou que as pessoas solitárias têm 28% mais ataques cardíacos e 30% mais diabetes. Além disso, o número de acidentes vasculares cerebrais é alto e a longevidade, mais baixa. Na visão de Varella, manter as amizades e cultivá-las é crucial, já que as relações implicam dedicação.

Num tempo em que a vida se tornou tão sofrida e de baixa tolerância à diversidade, fica realmente complicado retomar as relações sociais e de maneira saudável. Sabemos — e os especialistas em saúde mental confirmam — que os anos de pandemia foram desafiadores para os adolescentes, uma vez que suas rotinas de estudo e lazer foram completamente modificadas. Isso ressaltou as fragilidades que já existiam antes da covid-19, resultando em uma maior falta de conexão e, portanto, em maior presença do sentimento de solidão.

Além disso, antes de tomar qualquer decisão, é preciso investigar o tipo de solidão que os adolescentes estão experimentando. Em alguns casos, pode ser um sentimento temporário, que faz parte do processo de autoconhecimento; em outros, pode ser mais preocupante, demandando ajuda.

A psicanalista Maria Cristina Labate Mantovanini, da Sociedade Brasileira de Psicanálise de São Paulo (SBPSP), explica: "Existe um tipo de solidão que é necessária, que acompanha o adolescente enquanto ele busca construir sua identidade. É um processo individual". No entanto, segundo ela, os adolescentes também têm uma natureza gregária, precisando de grupos para se desenvolver, construir identidades e aprender a se separar dos pais.

Em relação à solidão crônica, Maria Cristina prefere analisar o fenômeno pelas lentes da sociologia e da antropologia, em vez de se ater apenas à psicanálise ou às questões emocionais. Ela observa que vivemos em uma sociedade extremamente individualista, na qual cada pessoa está imersa em sua própria "bolha", seja no *smartphone*, seja no *notebook*.

Para ela, as redes sociais, os *videogames* e os aplicativos de mensagens podem contribuir para a solidão e para a chamada desconexão social. Ela ressalta que, por trás das telas, os adolescentes sentem a ilusão de estarem protegidos, evitando a necessidade de enfrentar situações presenciais: "Nas telas, eles podem expressar seus pensamentos sem consequências, pois não estão cara a cara com os outros. Isso lhes dá a liberdade de falar impulsivamente, sem reflexão".

Mas, apesar dessa aparente liberdade, faltam contornos aos jovens. Eles não adquirem a sensação exata do que é viver em sociedade e experimentar as consequências dos próprios atos. As redes sociais podem amplificar as idealizações que todos nós fazemos, o que leva alguns adolescentes a enfrentarem dificuldades na transição do mundo virtual para o real — sobretudo quando o que encontram pela frente não corresponde às suas idealizações.

Os desafios impactam o dia a dia, gerando isolamento e solidão, uma vez que eles passam a não pertencer a grupo nenhum. Se pensarmos que o adolescente se constitui a partir da relação com o outro, esta é crucial para todo processo saudável de desenvolvimento e amadurecimento do seu sistema psicoemocional.

No consultório de Mantovanini, os adolescentes costumam expressar a busca de grupos de pertencimento. Eles formam bandas, grupos de teatro e clubes escolares como maneira de se conectar. No entanto, a necessidade de compreensão dentro desses grupos ainda é forte, sobretudo por conta da impulsividade característica dessa faixa etária. Na visão da psicanalista, as emoções dos adolescentes não são estáveis; eles podem se adaptar rapidamente ou rejeitar algo de imediato — o que faz que uma decepção seja superada em pouco tempo, mas vivida com uma intensidade que pode parecer desproporcional.

Possíveis caminhos para ajudar os adolescentes
O filósofo grego Aristóteles afirmava que o ser humano é um ser social. Ele dizia também que a solidão não era humana. Porém, o fato é que desde que o mundo é mundo a solidão tem nos acompanhado.

O grande problema é que ela se tornou uma praga, uma doença, uma epidemia que se alastra. E, num tempo de tanta necessidade de cuidar da saúde mental, é mais que urgente voltarmos os olhos — e o coração — para esse tema. E eu convido leitores e leitoras a não só teorizar sobre as relações sociais dos adolescentes e a necessidade que eles têm de estabelecê-las (até como forma de prevenir a solidão), mas também a se relacionar com eles.

É um desafio — ou pode parecer —, mas é importante que pais e/ou responsáveis legais sejam capazes de escutá-los para compreendê-los e, então, ajudá-los. Os especialistas acreditam que a primeira etapa para lidar com adolescentes não é entrar em conflito com eles, mas sim buscar a proximidade. É fundamental abordá-los com respeito, reconhecendo suas dores e preocupações, em vez de minimizá-las. Lembre-se: os adolescentes também sofrem e, apesar de muitas vezes parecerem dramáticos ao extremo, nenhuma dor pode ser tratada como fútil. Dor é dor, não importa o tamanho.

Embora os adultos saibam que essa fase vai passar em algum momento, os adolescentes não têm essa perspectiva. Portanto, pais, professores e responsáveis devem se esforçar para compreender a angústia que eles enfrentam.

Para os pais, pode ser uma tarefa difícil; afinal, ninguém quer ver um filho sofrendo — tanto que a tendência é querer resolver logo o problema. Por isso, é importante ouvir, validar as emoções e dar espaço para que os adolescentes expressem seus medos, dores, frustrações e sentimentos de alegria. Projetos coletivos, sociais, artísticos e culturais podem ser úteis para romper as barreiras da solidão. Os adolescentes precisam de projetos com os quais possam se identificar e sentir que são parte de algo maior. Numa sociedade cada vez mais narcisista, em que o individualismo é promovido, esses projetos constituem um antídoto para a solidão.

Já dizia o cantor e compositor Alceu Valença: "A solidão é fera, a solidão devora". E nós não podemos permitir que ela devore uma geração de adolescentes e jovens, certo?

Autolesão na adolescência: um pedido de socorro e um alerta à saúde mental

Incapazes de enfrentar conflitos emocionais, cada vez mais adolescentes recorrem à autolesão para aliviar o sofrimento da mente — um alerta à saúde mental que pede atenção. Pais, professores e psicólogos têm notado que os casos de autolesão vem crescendo exponencialmente. Motivado por conteúdos veiculados nas mídias sociais e pelo aumento de casos de depressão nessa faixa etária, o problema surge quando a angústia se torna patológica e resulta no dano físico ao corpo.

A personagem Karina, da novela *Travessia*[12], da TV Globo, era um retrato desse cenário. Após descobrir que é vítima de um pedófilo nas redes sociais e sofrer estupro virtual, a menina entrou em depressão profunda e passou a cortar o próprio corpo. Em uma das cenas, a amiga Isa tenta fazer que Karina fale o que está acontecendo, mas a adolescente não consegue. Ela chora copiosamente e diz que não aguenta mais viver, que quer acabar com tudo, que precisa acabar com a dor.

Essa última frase, "acabar com a dor", também é dita pelo personagem Nicholas no filme *Um filho* quando ele tenta explicar ao pai por que se mutila. De maneira bem simplista, o ato de se cortar é a maneira que o adolescente encontra de desviar a dor interna para uma dor externa. É mais fácil lidar com a dor física do que com a dor emocional.

---

12. A novela brasileira foi exibida de 10 de outubro de 2022 a 5 de maio de 2023.

Conforme estudo da ONG Health Care, feito em clínicas privadas dos Estados Unidos, a autolesão intencional praticada por jovens entre 13 e 18 anos aumentou durante a pandemia de covid-19. No Brasil, considerando a adolescência, foram registrados 30.075 casos em meninas e 11.789 casos em meninos entre 2011 e 2016.

Nesse sentido, em 2020 a Biblioteca Virtual em Saúde lançou uma cartilha sobre práticas para estabelecer e manter sistemas de vigilância para prevenir as tentativas de suicídio e autolesão, reforçando a necessidade de compreensão e desenvolvimento de estratégias de cuidado nos diferentes âmbitos da atenção à saúde para enfrentar esse problema.

O psiquiatra Guilherme Polanczyk explica que por trás desse comportamento autolesivo, além de depressão e de ansiedade, há fatores como o estresse familiar agravado durante a fase de isolamento social da pandemia e conteúdos relacionados à autolesão nas redes sociais.

Em geral, a prática da autoflagelação aparece quando os adolescentes vivem situações de dor, sofrimento e angústia. Por se sentirem incapazes de enfrentar momentos adversos, como problemas familiares e conflitos emocionais, eles recorrem à autolesão para tentar aliviar o sofrimento mental. O dano intencional ao próprio corpo pode ser representado por cortes nos braços e queimaduras, o que coloca em risco a integridade do jovem.

Polanczyk explica que a autolesão pode ser motivada por psicopatologias como ansiedade, depressão e transtorno de personalidade. "Entendemos a autolesão como uma estratégia muito disfuncional para lidar com estresse e com dificuldades, e como uma tentativa de mobilizar atenção no contexto em que o adolescente está inserido", diz ele, lembrando que essa pode ser uma maneira de o adolescente comunicar que algo está errado com ele.

Nas redes sociais, mães que enfrentam o comportamento autolesivo dos filhos mostram preocupação. "Tenho uma filha de 13 anos e sou mãe solo desde que ela nasceu. Eu a apoio em tudo, converso muito, mas ela me culpa por tudo. Não posso pedir para ela ajudar em casa ou ir à aula que já é motivo de ela achar que eu estou contra ela. E, há algum tempo, ela andou duvidando da sexualidade. O pior de tudo: descobri que ela se corta".

Esse não é o único relato em que o comportamento autolesivo é praticado por uma adolescente mergulhada em um contexto familiar disfuncional. A lacuna que aparece no ambiente familiar acaba sendo um gatilho para o desenvolvimento da prática da autolesão.

Tendências da autolesão
Hoje, existem duas tendências apontadas por médicos especialistas para explicar a autolesão em adolescentes: os machucados no próprio corpo são geralmente feitos por meninas em contextos familiares problemáticos. "Problemas familiares, disfunção familiar e eventualmente violência doméstica são fatores de risco que muitas vezes estão associados", relata Polanczyk.

A outra é o contato precoce com as redes sociais. As crianças começam a ter contato com conteúdo inadequado para a idade muito cedo e, obviamente, não têm maturidade emocional e psicológica para lidar com o que veem. Isso tende a piorar conforme elas crescem. Quando um adolescente que, por exemplo, tem problemas com os pais ou consigo mesmo depara com imagens de autolesão, a tendência de praticar o ato aumenta, porque ele encontra ali uma aparente solução. E as redes sociais são facilitadores para que esse contato aconteça.

No ano de 2019, o Instagram proibiu imagens explícitas de automutilação (como cortes no corpo). Vale lembrar que, antes da proibição, a rede social permitia esse tipo de conteúdo, desde que ele estivesse num contexto de confissão, e existiam milhares de grupos para que os adolescentes se encontrassem e se espelhassem.

Ainda hoje, os conteúdos não explícitos permanecem na plataforma sob a justificativa de que o Instagram não quer "isolar ou estigmatizar" esses casos, mas eles não são recomendados nem exibidos em pesquisas. Isso porque, na época da mudança, a plataforma dizia ter consultado especialistas e acreditava ser importante manter certos conteúdos relacionados à autolesão, desde que eles ajudassem as pessoas a obter apoio, como postagens com relatos de experiências.

Em um comunicado oficial na época, a plataforma afirmou que era essencial criar espaços seguros para que os jovens pudessem falar sobre suas experiências (inclusive de automutilação) no ambiente *online*. No entanto, coletivamente, nos foi aconselhado que imagens explícitas de automutilação, mesmo que se trate de alguém compartilhando momentos de dificuldade, têm o potencial de, sem querer, promover essa prática.

Hoje, de fato, quem pesquisa por autolesão ou *cutting* e *self--harm* — como a prática é conhecida em inglês — não encontra conteúdos explícitos. Em vez disso, o usuário depara com a seguinte mensagem: "As palavras que você está procurando estão frequentemente associadas a conteúdo sensível", acompanhada de um botão para obter apoio.

Na novela *Travessia*, a personagem Karina explicitou que tinha vontade de tirar a própria vida, mas os médicos explicam que a autolesão não está necessariamente associada à ideação suicida. Ela pode ser apenas um comportamento esporádico e não recorrente por parte do adolescente, o que não exclui a necessidade de buscar ajuda profissional.

O problema piora quando a autolesão passa a fazer parte da rotina do jovem. O comportamento autolesivo recorrente pode ter consequências graves. Para Polanczyk, infelizmente, a autolesão não suicida (ALNS) pode ser o início de um caminho que leva a comportamentos suicidas e, eventualmente, ao próprio suicídio.

Os pais precisam estar atentos a sinais de autolesão e ao humor do adolescente. Observar o comportamento do próprio filho é um dos melhores termômetros. A oscilação de humor é algo natural na adolescência, mas quando o mau-humor se torna uma constante é algo a se observar.

O mesmo vale para a tristeza e o sofrimento. Um adolescente que vive triste está dando sinais de alerta. O que estará por trás disso? A dificuldade de lidar com conflitos? Uma depressão clínica? A necessidade de pertencer ao grupo? Um comportamento que visa mobilizar a atenção de todos? A resposta nem sempre vem no tempo e na forma desejados, mas é importante procurá-la — até mesmo para pedir ajuda a um profissional especializado.

Lembre-se sempre da importância de valorizar a fala do adolescente, valorizar os sentimentos que ele expressa. Escute, acolha e procure ajuda quando você não se sentir capaz de ajudá-lo.

Vigorexia: a ditadura do corpo perfeito atinge meninos na adolescência

"Todo mundo da minha idade conhece o Paulo Muzy." A frase, surgida durante uma conversa sobre padrões estéticos masculinos, suscitou Maria de Fátima Sanches, mãe do adolescente de 14 anos, a pesquisar o nome mencionado.

Com mais de 7 milhões de seguidores na rede social, o especialista em medicina esportiva se apresenta assim: "Você vê o que eu sou. O que eu sou é resultado daquilo que faço repetidamente. Excelência não é um ato. É um hábito".

Hábitos saudáveis geram padrões estéticos também saudáveis, e bastam algumas horas nas redes sociais para observar certas tendências quando o assunto é beleza masculina. Uma das mais recentes é a de homens musculosos que aparecem em *posts* falando sobre vida, saúde, musculação e outros assuntos.

Do outro lado da tela, essas personalidades muitas vezes encontram meninos adolescentes que os têm como referência na busca de uma relação melhor com o corpo e até mesmo com a vida. A questão é que muitos deles acabam reféns dos "tais" padrões estéticos e desenvolvem um transtorno obsessivo-compulsivo denominado vigorexia.

O transtorno é bastante comum em homens entre 18 e 35 anos e provoca uma distorção na imagem que ele vê refletida no espelho. Em geral, o rapaz se vê sem músculos, franzino e fraco — então sai em busca de mais músculos, mais horas em academias, aumento na carga dos aparelhos e alimentação restrita. Diversos perfis na internet dão dicas para se chegar ao corpo perfeito.

Em um primeiro momento, a experiência dos donos dos perfis pode afastar preocupações com relação aos riscos de mensagens equivocadas. Afinal, muitos deles são verificados pelo Instagram e comandados por profissionais como professores e médicos. Por outro lado, especialistas lembram que esse tipo de conteúdo vem sendo banalizado nas redes sociais. Uma reportagem do *The Wall Street Journal* revelou que os responsáveis pelo Instagram sabem que a rede social afeta negativamente a imagem corporal de adolescentes. "Tornamos os problemas de imagem corporal piores para uma de três adolescentes", dizia um relatório interno da Meta. Isso se dá principalmente porque o Instagram é reconhecido como uma rede poderosa de "comparação social".

Os dados se referem a meninas, mas Guilherme Valadares, fundador e diretor de pesquisa do Instituto PDH, afirma: "Não tem nada que me faça pensar que isso seja muito diferente para os meninos que estão expostos a esse tipo de imagem constante". Guilherme aponta que a valorização dos músculos é, inclusive, associada a padrões de masculinidade.

A vigorexia é desencadeada pela busca incansável dos padrões de beleza — é a tal ditadura de que tanto se fala no universo feminino. Além da saúde mental, há a física. Para Wagner Gurgel, psiquiatra da infância e adolescência do Instituto de Psiquiatria da USP, não seria incorreto afirmar que a busca de padrões de beleza — muitas vezes motivada pelo que é propagado nas redes sociais — está associada ao aparecimento de quadros como transtornos alimentares. "Ficar confinado e exposto a redes sociais e a uma cultura de comer corretamente, buscar saúde ou padrões de beleza potencializa a possibilidade de mais pessoas adotarem comportamentos inadequados", diz ele. A anorexia e a bulimia estão entre os transtornos alimentares mais citados.

Os especialistas explicam que a natureza desses quadros é multifatorial, ou seja, o aparecimento deles não pode ser atribuído a uma única causa. Além disso, esses transtornos têm relação com a predisposição dos indivíduos a adotar um comportamento alimentar inadequado, a qual pode ser, por exemplo, biológica ou psicológica.

Assim, a questão da imagem corporal aparece com certa influência. "Nos transtornos alimentares, conseguimos identificar mais claramente alguns estressores: a cultura de dieta, a pressão relacionada à imagem corporal e o próprio engajamento que leva a uma perda de peso mais substancial podem ser o início de uma anorexia nervosa, por exemplo", explica Gurgel. O tratamento é multidisciplinar e inclui profissionais dedicados tanto à saúde física quanto à mental.

Os adolescentes estão menos satisfeitos em relação ao próprio corpo. Se em 2015 70,2% dos jovens de 13 a 17 anos estavam satisfeitos ou muito satisfeitos, em 2019 a taxa caiu para 66,5%. Enquanto isso, o número de insatisfeitos ou muito insatisfeitos subiu de 19,1% para 22,2%. Segundo dados do Pense, 42,4% dos jovens analisados não tomam nenhuma atitude em relação a isso, mas os que tomam — 24,8% — o fazem, sobretudo, por meio da perda de peso.

Os adolescentes de hoje, mais especificamente aqueles nascidos entre 2000 e 2010, são chamados de "nativos digitais", ou seja, nasceram e cresceram em um ambiente totalmente digitalizado. Nesse sentido, precisamos observar como esses jovens têm se relacionado com essa selva virtual, sobretudo quando se considera que esse ambiente pode vender padrões estéticos impossíveis de atingir.

Ainda na seara dos transtornos alimentares, Gurgel alerta para o aumento da anorexia nervosa entre homens e meninos: "Nessa busca de um corpo definido e musculoso, com baixa porcentagem de gordura, pode surgir um comportamento que acaba gerando ou mascarando algum transtorno alimentar mais grave".

Saúde nas redes sociais
Quem larga na frente nas redes sociais são os perfis que prezam por propagar noções de saúde. Com milhões de seguidores no Instagram, pode-se dizer que Paulo Muzy é um desses casos. Ele, que é médico, diz ter como objetivo fazer as pessoas compreenderem que estética só é um ganho permanente quando está atrelado à saúde. Segundo ele, o conteúdo não é prioritariamente voltado para o público infantojuvenil, mas ele sabe que suas postagens sobre musculação, dieta e até seus conselhos de vida alcançam essa faixa etária. No fim, Muzy vê isso como uma "responsabilidade incrível".

Os meninos podem chorar?
Entre o público masculino, a questão da saúde mental ganha outros contornos. Conforme a pesquisa "O silêncio dos homens" do Instituto PDH, que ouviu 20 mil entrevistados em 2019, 73% dos adolescentes de 14 a 17 anos afirmaram ter aprendido, quando crianças, que precisavam ser fortes fisicamente. A maioria também diz ter aprendido a não demonstrar fragilidade e somente 20% tinham exemplos práticos e frequentes de como lidar com as próprias emoções de maneira saudável.

Diante desse cenário, Guilherme Valadares sugere que a pauta da saúde mental seja incorporada inclusive pelos perfis de saúde e estética: "Formações em equilíbrio emocional e em compaixão para homens me parecem incipientes. Porém, elas não andam em oposição ao aspecto físico. É maravilhoso quando conseguimos juntar esses elementos". Ele explica que entender com maior profundidade a maneira como a solidão masculina atravessa as gerações atuais de meninos é uma responsabilidade não só desses influenciadores, mas de todos nós.

Ao analisar esses novos perfis que influenciam milhões de pessoas, inclusive homens, os especialistas concordam que propagar a saúde é uma mensagem importante, mas ainda assim fazem alguns alertas: "A relação com a estética muda ao longo dos séculos, mas há uma crescente preocupação dos homens com imagem e estética. Em um primeiro momento, é normal. O que pode gerar alerta é quando vira obsessão", afirma Guilherme, lembrando que historicamente o esporte já foi usado como ferramenta de construção da identidade masculina.

No âmbito da saúde, Gurgel adverte que a "cultura da dieta" encontrada em alguns perfis do Instagram pode ser deletéria para quem tem predisposição para transtornos alimentares. No caso dos adolescentes, ele faz uma recomendação aos pais: "Os pais devem falar abertamente sobre esses conteúdos, acessá-los eventualmente junto com os filhos e exercer uma avaliação crítica do que o adolescente tem visto".

Estudo revela que 46% das atletas brasileiras desistem do esporte por pressões estéticas

Em meio aos recordes batidos, às medalhas, dos times aos atletas que se destacaram nas Olimpíadas de Paris de 2024, um assunto não recebeu o destaque merecido: a busca do corpo ideal. Não aquele que vence em pistas, quadras ou piscinas, mas aquele que seguem determinados padrões estéticos.

No mundo todo as atletas, sobretudo as adolescentes, são as que mais enfrentam os desafios da balança e do espelho. E quase 46% das que praticam algum esporte entre os 11 e 17 anos acabam desistindo devido à insatisfação com o corpo. É o que aponta a pesquisa global "Confiança corporal e esporte", conduzido pela Nike em parceria com a Dove.

Quarenta e seis por cento das meninas que abandonaram o esporte ouviram que não tinham o corpo adequado para praticá--lo, e 54% delas achavam que não eram boas o bastante. Sem falar de questões como ciclo menstrual, gravidez e pressões culturais.

Um dos grandes problemas por trás desse efeito negativo é que tudo isso acontece justamente na adolescência, uma fase de formação da autoestima. É mais do que natural — e esperado — que haja insegurança nessa idade. Aquela sensação de que seu corpo é feio, seu cabelo é horroroso e ninguém lhe acha bonita sobrepuja a sensação de se perceber bonita.

Quando falamos de esporte, tudo se complica. Existe um mito de que para praticar certos esportes é preciso ter certo tipo de corpo. Por exemplo, quem nada deve ter costas largas e fortes; quem pratica ginástica olímpica, pernas musculosas e corpo pequeno. Vôlei e basquete, altura e membros alongados.

A atleta olímpica americana Ilona Maher, de 28 anos, lançou a *hashtag* #bodypositivity em seu Instagram durante os jogos de rúgbi. A jogadora viralizou com seus inúmeros vídeos sobre o assunto e chamou a atenção ao reforçar que todo tipo de corpo pode estar em Paris. "Todo corpo, toda estética é bonita. A altura de uma jogadora de vôlei, as pernas das ginastas, os músculos do rúgbi, todos fazem coisas espetaculares", disse ela em um dos vídeos.

Os estereótipos são infinitos, e para mudar o cenário é importante que tanto essas meninas quanto seus pais e treinadores busquem exemplos positivos e inspiradores para estimular a autoestima, seja por meio de campeãs olímpicas, seja por meio de membros da própria família.

Saúde física e mental em sintonia: a fórmula do bom desempenho

Sob a liderança das especialistas Carla Di Pierro, psicóloga clínica do Comitê Olímpico Brasileiro (COB) e Tathiana Parmigiano, ginecologista do esporte e médica da equipe feminina do COB, o projeto "Cada uma é uma" busca colocar saúde física e mental em sintonia. A ideia é gerar um ambiente saudável e positivo para que as jovens se sintam respeitadas em sua individualidade e mais preparadas para lidar com as adversidades surgidas dentro e fora do esporte. O objetivo é desenvolver confiança e gerar autoestima.

A proposta é olhar para a mulher como uma unidade integrada de mente e corpo, reconhecendo que ambos interagem com frequência, impactando positiva ou negativamente sua vida. "As mulheres que se conhecem melhor e recebem apoio médico e emocional conseguem identificar pontos de atenção, como alimentação, estresse e ansiedade," comenta Carla.

Segundo ela, quando as meninas são vistas na sua individualidade, considerando emoções, fisiologia e contexto, elas podem usar essas informações a seu favor para estar bem e atuar bem em qualquer área, seja no esporte, no mercado de trabalho, na maternidade ou nas relações afetivas. "O objetivo do projeto é divulgar informação e gerar autoconhecimento, promovendo atitudes e decisões que tragam saúde física e emocional", ressalta.

Isso porque, todos os dias, as atletas enfrentam pressões externas, além de desafios biológicos que afetam a prática esportiva. O ciclo menstrual, por exemplo, pode causar variações de peso, retenção de líquidos e mudanças de humor, o que impacta diretamente o desempenho e a percepção sobre o corpo.

"A parte ginecológica está associada ao ciclo menstrual e à menstruação propriamente dita. O foco dos cuidados ginecológicos tem sido sempre o de minimizar os efeitos negativos do ciclo menstrual, como cólicas, fluxo intenso e TPM, sobretudo com meninas que manifestam necessidade de ajuda ou que são identificadas mediante uma busca ativa que nós fazemos," relata Tathiana.

Para a médica, reconhecer a individualidade de cada uma é fundamental. "Nem todas as mulheres experimentam a menstruação como algo ruim, desconfortável ou doloroso. Algumas se sentem bem e até mais fortes durante o período. Nosso objetivo é evitar generalizações, respeitando as experiências individuais, mesmo em contextos de esportes coletivos, mostrando que cada mulher deve se autoavaliar e fazer escolhas baseadas no que é melhor para si", diz ela.

Para Carla Di Pierro, a proximidade das Olimpíadas e o estresse gerado por um campeonato dessa dimensão podem intensificar problemas e transtornos que algumas atletas já têm. Daí a necessidade de cuidar do psicológico. "As meninas que estão sendo acompanhadas e tratadas são capazes de evitar crises de bulimia ou manter uma alimentação adequada mesmo após ter anorexia. Só que o estresse pode fazer que elas retornem a padrões anteriores, procurando sentir que têm algum controle interno, quando o mundo exterior está fora de controle", comenta a psicóloga.

Para a especialista, no caso dos atletas olímpicos, o acompanhamento constante, além da forte preparação física e da alimentação saudável, previne recaídas. "Sem esse suporte, a atleta pode ter recaídas, aumentando a rigidez alimentar, diminuindo a ingestão de alimentos e/ou aumentando a frequência de episódios de bulimia", explica.

Conforme Tathiana, que tem formação em medicina esportiva, o foco do "Cada uma é uma" é fazer que as meninas e mulheres entendam que para atuar bem é preciso ter saúde. "A nossa ideia foi divulgar informações cientificas para que as atletas se orientem de maneira correta", esclarece. "Com isso, evitamos mal entendidos e práticas prejudiciais, como dietas radicais ou refeições descompensadas."

Para ela, é essencial desconstruir o ideal de corpo. "O foco deve estar no desempenho e na saúde do corpo, não na obtenção de um biotipo específico. Nosso objetivo é que as meninas compreendam a importância de um corpo saudável e funcional", enfatiza.

Educação: ferramenta essencial contra a desinformação
A educação continua sendo a principal ferramenta para combater mitos e inverdades frequentemente propagados nas redes sociais. Além disso, é importante criar um ambiente acolhedor e aberto para discutir menstruação, gravidez e TPM, entre outros assuntos, garantindo que as meninas não abandonem o esporte por não estarem seguras ou devidamente informadas.

Além disso, a questão da busca de um biotipo magro deve ser orientada com cautela e atenção à nutrição. "Uma das intervenções com a mulher atleta é ajudá-la a entender seu corpo como um instrumento de trabalho, essencial para conquistar suas metas. Promovemos uma relação saudável e de parceria com o corpo, que é fonte de força, resiliência e superação de limites", afirma Carla. Para as especialistas, é importante estimular o equilíbrio entre treino, estresse, pressão e recuperação física e emocional, destacando a relevância de um corpo saudável, que precisa ser alimentado e cuidado.

Epílogo — É preciso devolver aos jovens o sonho de futuro

Em meio à crise climática, desigualdade social e desemprego, a percepção de futuro dos adolescentes está nebulosa, mas é preciso recuperar sua possibilidade de sonhar e devolver-lhes o desejo de futuro.

Em 2019, na Organização das Nações Unidas (ONU), enquanto se lançava para o mundo como uma das principais lideranças do movimento por justiça climática, a jovem Greta Thunberg afirmou: "Vocês roubaram meus sonhos e minha infância com suas palavras vazias", indagando: "Como ousam?" Na época, ela tinha apenas 16 anos, mas já representava em sua fala gerações de crianças e adolescentes que — sabendo ou não — veem seu futuro e seus sonhos em risco por uma série de crises que afetam a sociedade.

A crise climática, por exemplo, já é descrita por representantes do Unicef como a crise do direito de crianças e adolescentes. Um aumento descontrolado da temperatura no planeta causada por fatores humanos afetará proporcionalmente mais os jovens do que os adultos. Um relatório do órgão apontou que, no Brasil de 2022, 40 milhões de crianças estavam expostas ao risco ambiental.

E o risco também é uma ameaça aos sonhos e expectativas dos mais novos. Para o advogado ambiental Danilo Farias, que trabalha com a defesa da tutela de crianças e adolescentes diante da emergência climática, essa percepção fica prejudicada quando os jovens entendem que o futuro está atrelado aos problemas climáticos e a outras instabilidades ambientais.

Além dos problemas ambientais que enfrentarão, existe um risco que vem sendo desenhado de maneira sutil, quase imperceptível: o apagamento do sonho de futuro. O aniquilamento do desejo de sonhar, de se desenvolver, de aspirar o que nem se sabe, só se espera.

Pesquisa realizada pelo Instituto Datafolha em 2022 ouviu jovens de 15 a 29 anos e mostrou que somente 25% deles esperam que o Brasil esteja melhor em um período de dez anos. Com isso, 76% dos participantes demonstraram vontade de sair do país. O otimismo só se deu com relação ao próprio futuro: 65% achavam que sua situação pessoal estaria melhor em dez anos. No entanto, poucos conseguiram dar valor à educação: eles não acreditam que a escola possa lhes garantir uma melhora de vida.

A educação desprestigiada na definição de futuro tem como sintoma a evasão escolar no Brasil, que aumentou de 2,3% em 2020 para 5,6% em 2021, segundo dados do Instituto Nacional de Estudos e Pesquisas Educacionais Anísio Teixeira (Inep). Existe uma descrença no espaço escolar como formador do ser humano. Por quê? Será que a escola não atende às demandas do mundo atual? Não engaja mais os jovens? É preciso repensar a educação, e isso não é novidade — ou, pelo menos, não deveria ser.

Falar da percepção do futuro por parte do adolescente é também falar de como ele vive o presente para conseguir projetar sonhos e expectativas. E, claro, esse presente é desigual. As desigualdades influenciam o pensamento do jovem, a forma como ele busca se conhecer e conhecer o mundo ao seu redor.

A desigualdade social como determinante para o futuro de jovens também já foi alvo da ciência. No estudo "O trabalho é projeto de vida para os jovens?", Sandra Korman Dib e Lucia Rabello de Castro, pesquisadoras da Universidade Federal do Rio de

Janeiro (UFRJ), apontaram que "o alto investimento direcionado aos jovens de classe média e média alta coloca-os em situação aparentemente privilegiada em relação aos demais".

No entanto, a psicóloga Cláudia Yaísa Gonçalves da Silva acredita em uma mudança. Ela percebe que os jovens estão cada vez mais atentos e até engajados nos problemas mais complexos da sociedade. Além de diversos temas aparecerem mais em discussões nas salas de aula, com colegas e professores, ela nota que as redes sociais também facilitam o contato do adolescente com esse tipo de informação: "Aquilo que acontece globalmente tem um impacto na forma como ele vai entender o seu futuro. Muitas vezes, aquilo que o adulto já cansou de tentar o adolescente tem essa disposição para fazer diferente, para se integrar no movimento e reivindicar algo em que acredita".

Fato é que existe um acúmulo de problemas e crises globais — climática, política, econômica —, e eles bombardeiam essa geração de crianças e adolescentes chamados de alfa e Z. Neles depositamos a solução de futuro, o salvamento da pátria, mas em nome do nosso capitalismo selvagem seguimos tocando a vida enquanto delegamos a eles a responsabilidade por mudanças.

Em 2022, os ministros do Supremo Tribunal Federal (STF) receberam cartas e desenhos de crianças alertando sobre a importância de proteger o meio ambiente e o clima, mostrando a consciência que esse grupo tem dos problemas da atualidade.

Mobilizar forças institucionais para esse assunto é, inclusive, uma forma de garantir a chamada máxima prioridade absoluta, descrita no Estatuto da Criança e do Adolescente (ECA), segundo a qual crianças e adolescentes devem ser tratados pela sociedade e pelo poder público como prioridade.

Enquanto isso, os jovens, por si sós já se organizam. Nomes preocupados com o futuro da humanidade, como os da sueca

Greta Thunberg e da líder indígena brasileira Txai Suruí[13], são exemplos de uma geração mais atual. Quando os jovens abraçam causas, eles conseguem inconscientemente produzir esperança, e ao produzirem essa esperança estão construindo o futuro.

A disposição para a mudança, porém, não é garantida. Uma geração que se vê diante de desigualdade e de um futuro ameaçado pode ter suas perspectivas de futuro limitadas. Para a psicóloga Cláudia Yaísa, é papel tanto dos familiares quanto das escolas estimular essa esperança: "Se um adolescente está em um ambiente em que ele se sente seguro, tanto física quanto emocionalmente, esse é um ambiente facilitador da esperança".

Para o advogado Danilo Farias, os jovens reúnem todos os esforços para fazer a mudança acontecer: "Toda a perspectiva de ambição e transformação tem vindo da juventude, que quer uma transformação muito contundente de um cenário que já é catastrófico. Não há mais tempo para discutir nem relativizar nada. O tempo agora é de ação".

É preciso devolver para os jovens o sonho de futuro. A mudança é urgente.

---

13. Txai Suruí é fundadora do Movimento da Juventude Indígena de Rondônia, onde desempenha um importante papel na denúncia do avanço da agropecuária na terra indígena Uru-Eu-Wau-Wau. Ela representa os povos indígenas no Conselho Jovem do Pacto Global da ONU no Brasil.

Referências

ABI-JAOUDE, Elia; NAYLOR, Karline T.; PIGNATIELLO, Antonio. "Smartphones, social media use and youth mental health". *Canadian Medical Association Journal*, v. 192, n. 6, E136-E141, fev. 2020. Disponível em: https://www.cmaj.ca/content/cmaj/192/6/E136.full.pdf. Acesso em: 12 dez. 2024.

ANGELL, Marcia. *A verdade sobre os laboratórios farmacêuticos*. Rio de Janeiro: Record, 2007.

BARROS, Henrique Sales. "Entenda os próximos passos do projeto que proíbe uso total de celulares em escolas em SP". *CNN*, 8 nov. 2024. Disponível em: https://www.cnnbrasil.com.br/politica/projeto-proibicao-celulares-escolas-sp/#:~:text=O%20que%20%C3%A9%20o%20projeto,entre%20aulas%20e%20atividades%20extracurriculares. Acesso em: 11 nov. 2024.

BERNDT, Christina. *Resiliência — O segredo da força psíquica*. Petrópolis: Vozes, 2019.

BIRMAN, Joel. "Tatuando o desamparo — A juventude na atualidade". In: CARDOSO, Marta Rezende (org.). *Adolescentes*. São Paulo: Escuta, 2006, p. 25-43.

BRASIL. MINISTÉRIO DA SAÚDE. *Marco legal — Saúde, um direito de adolescentes*. Brasília: Editora do Ministério da Saúde, 2007. Disponível em: https://bvsms.saude.gov.br/bvs/publicacoes/07_0400_M.pdf. Acesso em: 4 nov. 2024

_____. "Equipes Multiprofissionais de Atenção Especializada em Saúde Mental". *Gov.com.br*, 8 out. 2021. Disponível em: https://www.gov.br/saude/pt-br/acesso-a-informacao/acoes-e-programas/caps/raps/atencao-psicossocial-estrategica/equipes-multiprofissionaisde-atencao-especializada-em-saude-mental. Acesso em: 4 nov. 2024.

BRASIL. MINISTÉRIO DA SAÚDE. "Na América Latina, Brasil é o país com maior prevalência de depressão". *Gov.com.br*, 22 set. 2022. Disponível em: https://www.gov.br/saude/pt-br/assuntos/noticias/2022/setembro/na-america-latina-brasil-e-o-pais-com-maior-prevalencia-de-depressao. Acesso em: 4 nov. 2024.

_____. "Síndrome de *burnout*". *Gov.com.br*, s/d. Disponível em: https://www.gov.br/saude/pt-br/assuntos/saude-de-a-a-z/s/sindrome-de-burnout. Acesso em: 4 nov. 2024.

BROWN, Emma. "Former Stanford dean explains why helicopter parenting is ruining a generation of children". *The Washington Post*, 2015. Disponível em: https://www.washingtonpost.com/news/education/wp/2015/10/16/former-stanford-dean-explains-why-helicopter-parenting-is-ruining-a-generation-of-children/. Acesso em: 8 nov. 2024.

CACIOPPO, John T.; CACIOPPO, Stephanie. "Social relationships and health — The toxic effects of perceived social isolation". *Social and Personality Psychology Compass*, v. 8, n. 2, p. 58-72, 2014.

CHESLER, Caren. "Sharp rise in ER visits by kids ingesting melatonin products, CDC says". *The Washington Post*, 15 mar. 2024. Disponível em: https://www.washingtonpost.com/wellness/2024/03/15/melatonin-children-accidental-exposure/. Acesso em: 13 nov. 2024.

COOK, Laura. *Geração ansiosa — Um guia para se manter em atividade em um mundo instável*. Rio de Janeiro: Rocco, 2024.

CRAWFORD, Krysten. "Stanford-led study highlights the importance of letting kids take the lead". *Stanford Report*, 11 mar. 2021. Disponível em: https://news.stanford.edu/stories/2021/03/study-reveals-impact-much-parental-involvement. Acesso em: 14 nov. 2024.

DELBONI, Carolina. *Desafios da adolescência na contemporaneidade — Uma conversa com pais e educadores*. São Paulo: Summus, 2023.

D̲ib̲, Sandra Korman; C̲astro̲, Lucia Rabello de. "O trabalho é projeto de vida para os jovens?" *Cadernos de Psicologia Social do Trabalho*, v. 13, n. 1, p. 1-15, 2010.

E̲scobar̲, Ana. *Meu filho tá online demais — Equilibrando o uso das telas no dia a dia familiar*. Barueri: Manole, 2024.

"F̲ilhos̲ de pais superprotetores têm risco de viver menos, sugere estudo". *Exame*, 8 fev. 2023. Disponível em: https://exame.com/ciencia/filhos-de-pais-superprotetores-tem-risco-de-viver-menos-sugere-estudo/. Acesso em: 12 dez. 2024.

F̲undo̲ d̲as̲ N̲ações̲ U̲nidas̲ p̲ara̲ a̲ I̲nfância̲ (U̲nicef̲). *U Report*, 17 maio 2022. Disponível em: https://brasil.ureport.in/opinion/2905/. Acesso em: 4 nov. 2024.

_____. "Metade dos adolescentes e jovens sentiu necessidade de pedir ajuda em relação à saúde mental recentemente, mostra enquete do Unicef com a Viração". Unicef.org, 30 maio 2022. Disponível em: https://www.unicef.org/brazil/comunicados-de-imprensa/metade-dos-adolescentes-e-jovens-sentiu-necessidade-de-pedir-ajuda-em-relacao-a-saude-mental-recentemente. Acesso em: 4 nov. 2024.

G̲abriel̲, Isabela Martins *et al.* "Autolesão não suicida entre adolescentes — Significados para profissionais da educação e da atenção básica à saúde". *Escola Anna Nery*, v. 24, n. 4, p. 1-9, 2020. Disponível em: https://doi.org/10.1590/2177-9465-EAN-2020-0050. Acesso em: 14 nov. 2024.

G̲arcia̲, Agnaldo; P̲ereira̲, Paula C. da Costa. "Amizade na infância — Um estudo empírico". *PSIC — Revista de Psicologia da Vetor Editora*, v. 9, n. 1, p. 25-34, jan.-jun. 2008.

G̲ibbs̲, Nancy. "The growing backlash against overparenting". *Time*, 30 nov. 2009. Disponível em: https://time.com/archive/6690124/the-growing-backlash-against-overparenting/. Acesso em: 12 dez. 2024.

G̲irand̲, Heather; L̲itkowiec̲, Szymon; S̲ohnmais̲, Minji. "Attention-deficit/hyperactivity disorder and psychotropic polypharmacy prescribing trends". *Pediatrics*, v. 146, n. 1, jul. 2020.

González, Sara. "France finalizes law to regulate influencers — From labels on filtered images to bans on promoting cosmetic surgery". *El País*, 19 maio 2023. Disponível em: https://english.elpais.com/international/2023-05-19/france-finalizes-law-to-regulate-influencers-from-labels-on-filtered-images-to-bans-on-promoting-cosmetic-surgery.html. Acesso em: 7 nov. 2024.

Hadad, Chuck. "Why some 13-year-olds check social media 100 times a day". *CNN Health*, 13 out. 2015. Disponível em: https://edition.cnn.com/2015/10/05/health/being-13-teens-social-media-study/index.html. Acesso em: 6 nov. 2024.

Herrman, Hellen *et al*. "Time for united action on depression: a Lancet-World Psychiatric Association Commission". *The Lancet*, v. 39, n. 10.328, p. 957-1022, 5 mar. 2022.

Instituto Brasileiro de Geografia e Estatística (IBGE). "Pesquisa Nacional de Saúde do Escolar — Saúde mental. 2009-2019. Disponível em: https://www.ibge.gov.br/estatisticas/sociais/educacao/9134-pesquisa-nacional-de-saude-do-escolar.html. Acesso em: 7 nov. 2024.

Jornal da USP. "Pandemia é responsável por cerca de 36% dos casos de depressão em crianças e adolescentes". 13 out. 2021. Disponível em: https://jornal.usp.br/atualidades/pandemia-e-responsavel-por-cerca-de-36-dos-casos-de-depressao-em-criancas-e-adolescentes/. Acesso em: 14 nov. 2024.

Leak, Ryan. *Chasing failure — How falling short sets you up for success*. Nashville: Thomas Nelson, 2021.

Locke, Judith Y.; Campbell, Marilyn A.; Kavanagh, David. "Can a parent do too much for their child? An examination by parenting professionals of the concept of overparenting". *Journal of Psychologists and Counsellors in Schools*, v. 22, n. 2, p. 249-265, 2012.

Murthy, Vivek. *O poder curativo das relações humanas — A importância dos relacionamentos em um mundo cada vez mais solitário*. Rio de Janeiro: Sextante, 2022.

NAÇÕES UNIDAS BRASIL. "No Brasil, 40 milhões de crianças estão expostas a riscos climáticos". 10 nov. 2022. Disponível em: https://brasil.un.org/pt-br/206888-no-brasil-40-milh%C3%B5es-de-crian%C3%A7as-est%C3%A3o-expostas-riscos-clim%C3%A1ticos#:~:text=No%20Brasil%2C%2040%20milh%C3%B5es%20de%20meninas%20e%20meninos%20est%C3%A3o%20expostos,quarta%2Dfeira%20(9). Acesso em: 7 nov. 2024.

NAVARRO, Rodrigo. "The average screen time and usage by country". Electronics Hub, 26 ago. 2024. Disponível em: https://www.electronicshub.org/the-average-screen-time-and-usage-by-country/. Acesso em: 18 nov. 2024.

O'CONNELL, Mark. "Is neurotic parenting worse than bad parenting?" The Economist, 22 mar. 2021. Disponível em: https://www.economist.com/1843/2021/03/22/is-neurotic-parenting-worse-than-bad-parenting. Acesso em: 12 nov. 2024.

OFCOM. "Children and parents — Media use and attitudes report". 29 nov. 2017. Disponível em: https://www.ofcom.org.uk/__data/assets/pdf_file/0020/108182/children-parents-media-use-attitudes-2017.pdf. Acesso em: 8 nov. 2024.

PEPINO, Vitor. "Uso excessivo de telas está associado à saúde mental de diferentes gerações". Faculdade de Medicina da UFMG [online], 25 out. 2023. Disponível em: https://www.medicina.ufmg.br/uso-excessivo-de-telas-esta-associado-a-saude-mental-de-diferentes-geracoes/. Acesso em: 13 nov. 2024.

POPAT, Anjali; TARRANT, Carolyn. "Exploring adolescents' perspectives on social media and mental health and well-being — A qualitative literature review". Clinical Child Psychology and Psychiatry, v. 28, n. 1, p. 323-337, jan. 2023.

RICHTEL, Matt. "Esta adolescente recebeu 10 medicamentos psiquiátricos prescritos. Ela não está sozinha". The New York Times, 27 ago. 2022. Disponível em: https://www.nytimes.com/2022/08/27/health/teens-psychiatric-drugs.html#. Acesso em: 12 dez. 2024.

ROBSON, David. "Por que a autocompaixão, e não a autoestima, pode ser a chave para o sucesso". *BBC Work Life*, 19 jan. 2021. Disponível em: https://www.bbc.com/portuguese/geral-55721818#:~:text=Todos%20os%20estudos%20mostraram%20que,%C3%A0%20sa%C3%BAde%20f%C3%ADsica%20das%20pessoas. Acesso em: 25 out. 2024.

ROSENBERG, Marshall. *Comunicação não violenta — Técnicas para aprimorar relacionamentos pessoais e profissionais*. São Paulo: Ágora, 2021.

ROSS, Elizabeth M. "What is causing our epidemic of loneliness and how can we fix it?" *Harvard Graduate School of Education*, 25 out. 2024. Disponível em: https://www.gse.harvard.edu/ideas/usable-knowledge/24/10/what-causing-our-epidemic-loneliness-and-how-can-we-fix-it#:~:text=Americans%20earning%20less%20than%20%2430%2C000,year%20said%20they%20were%20lonely. Acesso em: 12 dez. 2024.

SALIBA, Emmanuelle. "France passes law to regulate paid influencers, combat fraud". *ABC News*, 1º jun. 2023. Disponível em: https://abcnews.go.com/International/france-passes-law-regulate-paid-influencers-combat-fraud/story?id=99763427. Acesso em: 7 nov. 2024.

SEBASTIÃO, Mariana. "Estudo aponta que taxas de suicídio e autolesões aumentam no Brasil". *Portal Fiocruz*, 20 fev. 2024. Disponível em: https://portal.fiocruz.br/noticia/2024/02/estudo-aponta-que-taxas-de-suicidio-e-autolesoes-aumentam-no-brasil#:~:text=Estudo%20aponta%20que%20taxas%20de%20suic%C3%ADdio%20e%20autoles%C3%B5es%20aumentam%20no%20Brasil,-186158&text=Compartilhar%3A,cada%20ano%20nesse%20mesmo%20per%C3%ADodo. Acesso em: 5 nov. 2024.

SECRETARIA DA EDUCAÇÃO DO ESTADO DE SÃO PAULO: "Setembro Amarelo: Conviva SP apresenta a importância das ações de valorização à vida e prevenção ao suicídio". s/d. Disponível em: https://www.educacao.sp.gov.br/setembro-amarelo-conviva-sp-apresenta-importancia-das-acoes-de-valorizacao-vida-e-prevencao-ao-suicidio/. Acesso em: 7 nov. 2024.

"Superproteção dos pais pode diminuir expectativa de vida dos filhos, mostra estudo; entenda". *O Globo*, 3 fev. 2023. Disponível em: https://oglobo.globo.com/saude/noticia/2023/02/superprotecao-dos-pais-pode-diminuir-expectativa-de-vida-dos-filhos-mostra-estudo-entenda.ghtml. Acesso em 5 dez. 2024.

Surkalin, Daniel L. et al. "The prevalence of loneliness across 113 countries — Systematic review and meta-analysis". *BMJ*, n. 376, p. 1-17, fev. 2022. Disponível em: https://www.bmj.com/content/bmj/376/bmj-2021-067068.full.pdf. Acesso em: 12 fev. 2024.

Tanhan, Fuat; Özok, Halil İbrahim; Tayiz, Volkan. "Fear of missing out (FoMO) — A current review". *Current Approaches in Psychiatry*, v. 14, n. 1, p. 74-85, 2022.

Tanne, Janice Hopkins. "Epidemic of loneliness threatens public health, says US surgeon general". *BMJ*, n. 381, p. 1017, 2032.

Twenge, Jean. M. "Have smartphones destroyed a generation?" *The Atlantic*, set. 2017. Disponível em: https://www.theatlantic.com/magazine/archive/2017/09/has-the-smartphone-destroyed-a-generation/534198/. Acesso em: 12 dez. 2024.

Unicef Brasil. "Crianças e adolescentes são os que mais sofrem com as mudanças climáticas e precisam ser prioridade, alerta Unicef". *Unicef.org*, 9 nov. 2022.

World Health Organization. *Preventing suicide — A global imperative*. Luxemburgo: WHO, 2014. Disponível em: https://www.who.int/publications/i/item/9789241564779. Acesso em: 7 nov. 2024.

Zhang, Jiewen. "The effect of problematic social media use on happiness among adolescents — The mediating role of lifestyle habits. *International Journal of Environmental Research and Public Health*, v. 19, n. 5, fev. 2022.

Ziegler, Maria Fernanda. "Filhos de pais superprotetores tendem a viver menos, sugere estudo". *Agência Fapesp*, 2 fev. 2023. Disponível em: https://agencia.fapesp.br/filhos-de-pais-superprotetores-tendem-a-viver-menos-sugere-estudo/40605 . Acesso em: 13 nov. 2024.

Agradecimentos

A Elaine Rodrigues Vale, minha superparceira de pesquisas, entrevistas e escritas em muitos dos textos sobre a adolescência.

Aos médicos, psicólogos, psiquiatras, educadores, professores, pais, mães e responsáveis legais de adolescentes, pelas inúmeras trocas, entrevistas e pela confiança. Muito obrigada.